ताजमहल से टॉवर ब्रिज

वाणी प्रकाशन
21-ए, दरियागंज, नई दिल्ली-110002
फोन : 011-23273167, 23275710, 41562622
फैक्स : 011-23275710
e-mail : vani_prakashan@yahoo.com

ताजमहल से टॉवर ब्रिज

डॉ. विक्रम सिंह

वाणी प्रकाशन का लोगो
विख्यात चित्रकार मकबूल फिदा हुसेन
की कूची से

ISBN: 81-8143-563-X

वाणी प्रकाशन
21-ए, दरियागंज, नयी दिल्ली-110002
द्वारा प्रकाशित

प्रथम संस्करण : 2006

आवरण : वाणी चित्रांकन
जयभारत प्रिंटर्स, दिल्ली-110032
द्वारा मुद्रित

मूल्य : 150.00

TAJMAHAL SE TOWER BRIJ
by Dr. Vikram Singh

प्रस्तुति

आकार में अत्यन्त छोटे देश इंग्लैण्ड की भूमिका विश्व इतिहास में इतनी महत्वपूर्ण है कि उसकी चर्चा किये बगैर किसी भी देश के इतिहास पर वार्ता समाप्त नहीं हो पाती। विश्व इतिहास में ऐसी महत्तर भूमिका के कारण इंग्लैण्ड के प्रति आपके मन मं उत्पन्न कौतूहल को शान्त करने वाली विषय-वस्तु के साथ प्रस्तुत है मेरा ये यात्रा-वृत्तांत 'ताजमहल से टॉवर ब्रिज'।

- विक्रम सिंह

अनुक्रमणिका

आँखन देखी कागद लेखी

यात्रा मानव सभ्यता के इतिहास का वह महत्वपूर्ण पृष्ठ है, जिसे पढ़े बिना मानव सभ्यता के विकास को समझना मुश्किल है। अपनी भूख, प्यास और अन्य आवश्यकताओं की पूर्ति हेतु आदिम युग के मानव को लम्बी-लम्बी यात्राएँ करनी पड़ती थीं। इन यात्राओं में ही उसे सौन्दर्यबोध और ज्ञान की भी प्राप्ति हुई थीं यात्रा के इस महत्व के दृष्टिगत ही संस्कृत मनीषियों ने 'चरैवेति चरैवेति' (चलते रहो, चलते रहो) कहा। उनके द्वारा ऐसा कहने के पीछे यही उद्‌देश्य था कि चलते रहने से जीवनोपयोगी नई-नई खोजें संभव होंगी और बेहतर जीवन की संभावनाएँ बढ़ेंगी। राहुल सांकृत्यायन ने तो यहाँ तक कहा है कि 'यदि आदिम मनुष्य नदी या तालाब के किनारे गर्म मुल्क में पड़े रहते तो दुनिया को वे आगे नहीं ले जा पाते। अगर घुमक्कड़ों के काफिले न आते जाते तो सुस्त मानव जातियाँ सो जातीं और फिर पशु से ऊपर न उठ पातीं।' महात्मा गौतमबुद्ध, महावीर, ईसा मसीह और पैगम्बर मोहम्मद साहब अगर लम्बी-लम्बी यात्राएँ न करते तो करुणा, दया, सहानुभूति के संदेश जन-जन तक नहीं पहुँच पाते।

मानव सभ्यता के विकास में यात्रा के महत्व को अपने मित्रों और भावी पीढ़ियों तक सुरक्षित रखने की ललक के कारण यात्रा के रोचक विवरण लिखने की जो परम्परा विकसित हुई उसे साहित्य में यात्रा-वृत्तान्त के नाम से अभिहित किया गया। यात्रा-वृत्तान्त सबसे पुरानी लोकप्रिय साहित्यिक विधा है, जिसे हम प्राचीन काल में मेगस्थनीज, ह्वेनसांग, फाह्यान इत्यादि के लेखन में देख सकते हैं। यात्रा-वृत्तान्त में रोचक, प्रेरक एवं ज्ञानवर्द्धक पहलुओं को इकट्ठा करने में जितनी कठिनाईयों का सामना यात्रा-वृत्तान्त में करना पड़ता है उतना किसी अन्य साहित्यिक विधा में नहीं क्योंकि ये एक ऐसा विषय है जिसे अन्य विधाओं की तरह बन्द कमरे में बैठकर नहीं लिखा जा सकता। इस विधा के लेखन में लेखक को दुर्गम पहाड़ियों, नदियों, जंगलों एवं युद्ध के मैदानों तक का रास्ता नापना पड़ता है; और इस दौरान जो भी विषय उसके सामने आते हैं उन पर उसको कैमरे की आँख की तरह लेखनी को घुमाना पड़ता है।

यात्रा की अनिवार्यता के कारण उसे सुगम और सुखकर बनाने के लिए नौका, बैलगाड़ी, रथ, साईकिल, स्कूटर, मोटर, रेल, जलयान एवं वायुयान आदि के

आविष्कार हुए। तेज़ गति के इन यानों के आविष्कार से कम हुई दूरियों के कारण संसार एक गाँव के रूप में परिवर्तित हो गया। कोलम्बस और वास्कोडिगामा लम्बी यात्राओं के हीरो बन गये। यात्राओं में सफलता के कारण बड़े-बड़े साम्राज्य स्थापित हो गये। साम्राज्यों के सफल संचालन के लिए नए-नए आविष्कार हुए। संगठन के नए-नए सिद्धान्त विकसित हुए। राष्ट्रीयता और देशभक्ति जैसे मूल्यों का विकास हुआ। राजतंत्र से प्रजातंत्र तक की दूरी तय हुई। राजा के आदेशों का पालन मात्र करने वाला व्यक्ति राजा (शासक) की नियुक्ति प्रक्रिया में भी सम्मिलित हो गया।

जल, थल एवं वायु मार्गों पर तेज यात्रा के कारण मानव ज्ञान का तीव्र विकास हुआ। मानव ज्ञान से विकसित हुई सभ्यता के जिस मुकाम पर आज हम खड़े हैं उसमें यात्राओं का महत्व और भी बढ़ गया है। अब यात्रा वाह्य जगत के साथ-साथ अन्तर्जगत का भी दिग्दर्शन कराती है। अनुत्तरित प्रश्नों के उत्तर प्रस्तुत करती है। नए-नए मॉडल प्रस्तुत करके सामाजिक व्यवस्था को गतिशील बनाती है। सामाजिक गतिशीलता और उदारवाद नई परिस्थितियों के साथ तालमेल बैठाने की ऐसी तकनीकि प्रस्तुत करते हैं जिससे सामाजिक दरारें पट जाती हैं।

यात्रा में आँखों के सामने पल छिन बदलते दृश्य व्यक्ति के विचारों को भी गतिशील बनाते हैं। गतिशील विचार हर नई परिस्थिति के साथ तारतम्य बनाने के लिए नए-नए उपाय सुझाते हैं जिससे हर क्षेत्र में नए-नए आविष्कारों का आविर्भाव होता है। उदारवाद एक ऐसा ही दर्शन है जो वैचारिक जड़ता को समाप्त कर प्रगतिशील बनाता है। उदारवाद के सिद्धान्त को अपनाकर इंग्लैण्ड अपनी वैज्ञानिक तकनीकी और औद्योगिक उन्नति करने में सफल हो गया और द्वितीय विश्व युद्ध तक महानतम शक्ति बना रहा।

विश्व इतिहास में इंग्लैण्ड की भूमिका इतनी महत्वपूर्ण रही है कि किसी भी देश का इतिहास बिना इंग्लैण्ड का जिक्र किये पूरा नहीं होता। इस प्रकार की विश्वव्यापी भूमिका के निर्वहन के पीछे छोटे से भूभाग वाले इस देश ने अपने विज्ञान और तकनीकी ज्ञान को भले ही अपने लाभ के लिए प्रयोग किया हो, परन्तु जाने-अनजाने ये ज्ञान विश्व के अन्य देशों में भी पहुँचा और एक नए वातावरण का निर्माण करने में सफल हुआ। औपनिवेशिक परिस्थितियों में जिस नए परिवेश का जन्म हुआ वह यद्यपि शोषण पर आधारित था परन्तु बिखरे हुए समाज को शोषण के विरोध में एकजुट करने के लिए उपयुक्त था।

साम्राज्यवादी अथवा सामंतवादी शोषण के विरुद्ध विकसित हुआ वातावरण निराश पड़े लोगों में स्फूर्ति-संचरण का कारण बना। सामंतवाद की मिट्टी में प्रजातंत्र की संभावनाओं से जिस वातावरण का निर्माण हुआ वह जनसामान्य को आशान्वित करने वाला था। सर्वहारा क्रान्ति की सफलता से जनोत्साह में हुई अप्रत्यासित वृद्धि से आगाह, विश्व युद्ध की लपटों में झुलसा इंग्लैण्ड अपने साम्राज्य की ढहती दीवारों

के नीचे दबने की बजाय सम्मानजनक तरीके से निकलने और सर्वहारा क्रान्ति की लपटों में फंसने से बचने के लिए चोला बदल कर प्रस्तुत होने के लिए मजबूर था।

दमनकारी की बजाय कल्याणकारी राज्य के रूप में परिवर्तित होकर इंग्लैण्ड ने पुनः एक नए परिवेश का निर्माण किया, जिसने सर्वहारा वर्ग में भी राज्य से अपने कल्याण की अपेक्षा करने का विश्वास जगाया। बुलेट के बजाय बैलिट के लिए प्रेरित किया। विनाश की बजाय विकास का वातावरण तैयार कर और हर बदली हुई परिस्थिति के साथ तालमेल बैठाने की तकनीकि (मकैनिज्म) विकसित कर लेने और नूतन-पुरातन का अद्भुत समन्वय प्रस्तुत करने के कारण इंग्लैण्ड एक प्रेरणादायी व्यवस्था का मॉडल प्रस्तुत करता रहा है।

मानव सभ्यता की जिस सांझी विरासत के लिए इंग्लैण्ड आज विश्व का सबसे बड़ा पर्यटन केन्द्र बना है; उसके विकास में उसकी वैज्ञानिक, तकनीकी, स्थापत्य, कला, साहित्य और दर्शन सम्बन्धी गौरवमयी उपलब्धियों का योगदान है। इंग्लैण्ड में विकसित मानव सभ्यता की सांझी विरासत के ऐसे परिदृश्य को समाज के साथ बाँटने (शेयर करने) से नई संभावनाओं की परिकल्पना परिपूर्ण है मेरा ये **'ताजमहल से टॉवर ब्रिज तक'**।

— विक्रम सिंह
12 बी लाजपत कुंज
खन्दारी-आगरा

प्रस्थान से पहले

मैं कभी सोच भी नहीं सकता था कि एक दिन में विलायत की सैर पर जाऊँगा। 29 अगस्त 1997 को मैंने जब इंग्लैण्ड में आयोजित काव्य समारोह में भाग लेने के लिए प्रस्थान किया तो एक बार मुझे लगा कि कहीं में दिवा स्वप्न तो नहीं देख रहा लेकिन में सचमुच इंग्लैण्ड जा रहा था। आगरावासी होने के कारण मुझे लगा कि आगरा अपने ताजमहल के लिए दुनिया भर में मशहूर है। इसके स्थापत्य और प्रेम से जुड़ी कहानियाँ लोग अवश्य पूछेंगे।

ताजमहल के शहर से होने के कारण मुझे वह ताजमहल का मर्मज्ञ मानते हुए प्रश्न दागेंगे। आगरा में रहते हुए मुझे चार वर्ष बीत चुके थे, लेकिन एक भी बार ताजमहल नहीं गया था। विद्यार्थी जीवन में एक बार अवश्य देखा था परन्तु तब उसे एक बिल्डिंग से अधिक नहीं समझ पाया था। मैंने सोचा कि ठीक से एक बार फिर से देख लिया जाय ताकि ताजा-ताजा जानकारी हो जाय। मेरी 4 वर्ष की बेटी ने कहीं सुन रखा था कि ताजमहल बहुत महत्वपूर्ण जगह है, अतः उसने भी ताजमहल ले चलने के लिए कहा था। मुझे लगा कि ताजमहल जाने से 'एक पंथ दो काज' हो सकते हैं। ताजमहल के बारे में पत्नी का ये कहना कि उसे जितनी बार देखो उतनी बार कुछ न कुछ नई जानकारी और कुछ न कुछ नए अहसास होते हैं, सत्यापित करना था अतः हम, पत्नी और बेटी के साथ ताजमहल के लिए चल दिये।

ताज पत्थरों की इमारत मात्र नहीं बल्कि पत्थर पर रोमांस है। भावुक लोगों ने ताजमहल के बारे में अपने-अपने अनुभव विभिन्न भाषाओं में लिखे हैं। कोई इसे सीने में धड़कते दिल की संज्ञा देता है तो कोई मात्र कब्र। कोई अद्‌भुत स्थापत्य का नमूना मानता है तो कोई ज्यामितीय अजूबा। कोई इसे इंसान की भावनाओं का कलात्मक दिग्दर्शन मानता है तो इसे गरीबों का मजाक कहता है।

मुझे ताजमहल के बारे में अधिकारिक (ऑथेन्टिक) जानकारी चाहिए थी, इसलिए में पहली बार एक गाइड के साथ ताजमहल गया। प्रवेश करते ही गाइड ने ताजमहल के बाहरी हिस्से में स्थित गेट और उसके अन्दर लगे कलाकृतियों के बाजार का दिग्दर्शन कराया। मुख्य द्वार की ओर बढ़ते ही उसने मुझे द्वार के ऊपरी हिस्से पर बने छोटे-छोटे 11 गुम्बद दिखाये (दो वर्ष के लिए एक) जो ताजमहल के

बनने में लगे 22 वर्ष की अवधि बताते हैं। ताजमहल को बने हुए 350 वर्ष होने जा रहे हैं लेकिन आज भी उसकी चमक और आकर्षण यथावत है। कहा जाता है इश्क कभी पुराना नहीं होता। इश्क का प्रतीक ये ताजमहल इसीलिए आज भी ताजा है। इसकी चमक कभी धूमिल नहीं हो सकती। आखिर मोहब्बत में इंसान की भावनाओं का प्रतीक जो है।

ताजमहल

मुख्य द्वार के पास ही एक पट्टिका के बारे में भी उसने बताया कि यहाँ एक पट्टिका लगी थी जिस पर लिखा था कि शहंशाह ने उस कारीगर के हाथ कटवा लिये थे जिसने ताजमहल बनाया था। ये बात सुनकर मेरी बेटी ने उससे पूछा शहंशाह ने ऐसा क्यों किया तो गाइड ने बताया ताकि वह कहीं दूसरा ताजमहल या इससे सुन्दर कोई और इमारत न बना पाये।

अन्दर घुसते ही गाइड ने ज्यामित के आधार पर मुख्य इमारत के साथ गेट का तालमेल और पानी के फव्वारे, घास, फूल, पौधे आदि की खूबसूरती के बारे में बताया। कुछ ही देर में हम लोग उस वेदी के पास पहुँच गये जहाँ बैठकर लोग फोटो खिंचवाते हैं। यहीं उछलते हुए व्यक्ति का फोटो जब एक कोण विशेष से लिया जाता है तो लगता है जैसे उछलने वाला ताजमहल के ऊपरी गुम्बद तक पहुँच गया। यही एक कोण ऐसा भी होता है जहाँ खड़े होकर एक हाथ फोटोग्राफर के बताने के अनुसार फैलायें तो फोटो आता है जैसे आपने अपने हाथ गुम्बद के ऊपर रख लिया हो और बड़े आराम से खड़े हों।

मुख्य इमारत पर पहुँचने से पूर्व उसने जूते उतरवा दिये थे। सीढ़ियों से जब ऊपर चबूतरे पर पहुँचे तो उसने ताजमहल के महराब पर लिखी कुरान की आयतों को दिखाते हुए उसमें अंकित अक्षरों के आकार में नीचे से ऊपर की ओर होने वाली समरूपता के बारे में ज्यामिती प्रयोग का नमूना बताया। ताजमहल के द्वार पर लिखी इबारत के अक्षर में ऊपर की ओर दूरी बढ़ने के बाद भी आकार में बराबर ही दिखते हैं। इस ज्यामिती प्रयोग को निश्चित रूप से एक महत्वपूर्ण उदाहरण कहा जा सकता है।

मुख्य इमारत के चारों कोनों पर बनी काफी ऊँची मीनारें सीधे न होकर तिरछी हैं। उनका झुकाव बाहर की ओर है। बाहर की ओर ये झुकाव वास्तुकारों ने इस दृष्टि से रखा है कि अगर कभी भूकम्प आदि आ जाय और ये मीनारें गिरें तो बाहर की ओर गिरें और मुख्य इमारत को नुकसान न पहुँचे। उसने ये भी बताया कि बाढ़ से बचाव हेतु मुख्य इमारत के चबूतरे के चारों किनारों के नीचे चार बहुत बड़े एवं गहरे कुएं हैं जिसमें बाढ़ का पानी कुओं के माध्यम से पाताल में चला जायेगा।

यमुना के किनारे की बालू मिट्टी में इतने अधिक वजन की इमारत कैसे सुरक्षित रहेगी, इस बात का भी ध्यान रखा गया है। वजन को सिविल इंजीनियरिंग के 'फ्लोटिंग वेट' सिद्धान्त के आधार पर इसके चबूतरे और गुम्बद पर इसका वजन इस प्रकार विभाजित है कि कुल वजन शून्य हो जाता है।

ताजमहल स्थापत्य एवं कला की अनुपम कृति तो है ही साथ ही यह प्यार का तीर्थ भी माना जाता है। सारी दुनिया से लोग ताजमहल देखने आते हैं और इसके फोटो चबूतरे से फोटो खिंचवाते हैं। शरद पूर्णिमा का दिन तो ताज के लिए और भी महत्वपूर्ण है। शरद पूर्णिमा के दिन चन्द्रमा की किरणें ताज पर इस प्रकार परावर्तित होती हैं कि ताज चमक उठता है। शरद पूर्णिमा की रात को इस चमक के कारण ही इसे **'चमकी'** का त्यौहार मानकर दुनिया भर से लोग देखने आते हैं। इसी प्रकार ताज की मुख्य इमारत के अन्दर के डोम में आवाज आधा मिनट तक प्रतिध्वनित होती है। कलाकारी तो ऐसी कि देखते ही बनती है। पत्थर पर कलाकारी वह जो आज तक बेमिसाल है। पत्थर भी वह जिसमें प्रकाश की किरणें शीशे की तरह आर-पार हो जायें। मुमताज की कब्र के ऊपर एक और नकली (डमी) कब्र बनाई गयी है ताकि मुख्य कब्र सुरक्षित रहे और लोगों के पैर आदि न पड़ें। सफेदी यद्यपि कम होने लगी है लेकिन फिर भी ऐसी कि उसे दूधिया इमारत कहना ही उचित होगा। ताज का आकर्षण तो ऐसा कि एक बार देख लेने के बाद भी लोग वार-बार देखने की तमन्ना रखते हैं।

मुगल बादशाह शाहजहाँ का शौक यद्यपि अप्रितम इमारत बनवाने का था। उसने जो इमारतें बनवायीं उनमें ताज सारी दुनिया में बेमिसाल है। ये दुनिया के महान आश्चर्यों में गिना जाता है। चार सौ वर्ष पूर्व बनी इस इमारत के ऊपर लगभग

2 करोड़ चाँदी का रूपया खर्च हुआ था। शहंशाह शाहजहाँ का इस इमारत से इतना भावनात्मक लगाव था कि उसने अपने किले के एक ऐसे स्थान पर जहाँ से ताज एकदम स्पष्ट दिखता है, एक शीशा लगवाया था जिसमें उसकी प्रतिछाया इस प्रकार पड़ती थी कि ताज का पूरा दिग्दर्शन किले के अन्दर से ही कर सकता था। शहंशाह के बेटे ने जब उसे किले में नजरबन्द कर दिया था तब शहंशाह उस शीशे में ताज ही निहारता रहता था। अपनी पत्नी मुमताज की याद में शहंशाह शाहजहाँ द्वारा बनायी गयी ये इमारत आज़ विश्व स्थापत्य की धरोहर है।

ताजमहल की ये सामान्य जानकारी पा लेने के बाद मुझे यह विश्वास हो गया था कि अब में ताज के बारे में कुछ बता सकूंगा। अगले ही दिन मुझे इंग्लैण्ड के लिए प्रस्थान करना था। देश की सरहद के बाहर विलायत जाने के लिए एक तरफ मन उत्साहित भी था और अंजान जगह पर सम्भावित दिक्कतों आदि के बारे में सोचकर मन में खौफ भी था। हवाई जहाज का टिकट यद्यपि दोनों ही तरफ का लेने का विधान है। अतः वापसी टिकट का झंझट नहीं था। टिकट, पासपोर्ट, वीजा एवं ट्रैवलर्स चैक आदि प्रपत्र जो यात्रा में सर्वाधिक महत्वपूर्ण हैं, की सुरक्षा हेतु मैंने पूरे इंतजाम कर लिये थे, परन्तु फिर भी पत्नी के मन में आशंका थी कि कहीं जेब कट गयी, कहीं खो गये तब क्या होगा अतः उस स्थिति से निबटने के लिए उन्होंने सोने की जंजीर और अंगूठी इत्यादि का बंदोबस्त करके दिया। उन्होंने एक ऐसा पर्स भी लाकर दिया जिसे गले में पहनकर कपड़ों के अन्दर यानी सीने से लगाकर रखना था। इसी पर्स में ट्रैवलर्स चैक, पासपोर्ट आदि को सुरक्षित रखने की व्यवस्था थी ताकि हर स्थिति में ट्रैवल डॉक्यूमेन्ट हमारे पास सुरक्षित रहें।

स्वास्थ्य रक्षा के दृष्टिगत स्वास्थ्य का ओवरसीज बीमा करा लिया गया था जिसमें एक माह तक यात्रा में दिये गये देशों में बीमारी की स्थिति में डॉक्टर का परामर्श शुल्क एवं दवाइयों आदि की व्यवस्था का खर्च आच्छादित था। इसके बाद भी अपने पारिवारिक डॉक्टर से एक फर्स्ट एड किट तैयार करवा कर सूटकेस में रख ली गयी थीं जल्दी खराब न होने वाली खाने-पीने की चीजें भी साथ में रख ली थीं।

एयरपोर्ट तक पत्नी, बेटी और मेरे श्वसुर साहब के अलावा मेरे मित्र आलोक दीक्षित और उनकी पत्नी प्रतिभा दीक्षित तथा कुछ पारिवारिक मित्र भी विदा करने हेतु गये थे। यात्रा तो हम अक्सर करते रहते थे लेकिन आज की यात्रा अपनी सरहद के बाहर जाने की थी। अतः इस यात्रा पर जाते हुए लगा कि ये यात्रा विशिष्ट है। इसके पहले वाली यात्राएँ नहीं थीं क्योंकि उनमें किसी प्रकार की औपचारिकताएँ और तामझाम नहीं होता था। एयरपोर्ट पर जो दृश्य था वह और भी अजीब था। अपनों को विदा करते समय लोगों की आँखें नम दिखाई दे रही थीं। यहीं मुझे महसूस हुआ अपनों के बिछड़ने पर किस तरह लोग भावुक हो जाते हैं। दरअसल अपने देश में कहीं कोई जा रहा हो और कोई दिक्कत, परेशानी हो जाय तो घर वाले भी सहायता के लिए पहुँच जाते हैं। विदेश में जाने के लिए तो पासपोर्ट, वीजा और

किराये के लिए भारी भरकम धनराशि की आवश्यकता होती है। वीजा भी इतना आसान नहीं कि हर किसी को मिल जाय।

वीजा हेतु दूतावास अधिकारियों को छुट्टियों का स्वीकृति पत्र, बाहर जाने की अनुमति, प्रकाशित पुस्तकें सब कुछ दिखाने पर भी मेरा चालीस मिनट का साक्षात्कार हुआ था। बुलाने वाली संस्थाओं आदि से सत्यापित करने के उपरान्त बमुश्किल वीजा स्वीकृत हुआ था। मेरे साथ के कई लोगों को तो मना हो गया था। आमतौर पर वीजा न मिल पाने के कारण ही लोगों को लगता है कि जाने वाले से न मालूम कभी मुलाकात होगी या नहीं, होगी भी तो न जाने कब? अनिश्चय की स्थितियों आदि के बारे में सोचकर ही लोग भावुक हो जाते हैं।

एयरपोर्ट पर ट्रॉली में अपना सामान रखते समय मेरी 4 वर्ष की बेटी श्वेता को लगा कि ये तो बड़ी अच्छी गाड़ी है। एक बच्चे को ट्रॉली में बैठा देखकर उसने भी ट्रॉली में बैठने की जिद की। में उसे लगेज ट्रॉली में बैठाकर प्रवेश द्वार तक ले गया। ट्रॉली पर बैठकर उसके आनन्द का ठिकाना नहीं रहा। वह लगेज ट्रॉली से उतर नहीं रही थी। एयरपोर्ट के अन्दर बिना टिकट जाने की अनुमति नहीं है, अतः प्रवेश द्वार से ही विदाई देने वालों को लौटकर वापस आना था। बमुश्किल पत्नी ने बहला-फुसलाकर उसे ट्रॉली से उतारा। पापा जी (श्वसुर साहब) ने तिलक, मिष्ठान और कुछ पैसे देकर मुझे विदा करने की रस्म पूरी की तो पत्नी की आँखें नम हो गयीं। मैंने उन्हें ढांढस बंधाया। लन्दन प्रवास का नम्बर दिया और हर रोज फोन करने के लिए कहकर सभी लोगों से विदा ली।

अन्तर्राष्ट्रीय एयरपोर्ट में अन्दर का वातावरण देशीय एयरपोर्ट से काफी अलग था। यहाँ विदेशियों की भीड़ अधिक थी। टैरम एयर लाइन (रोमानियन एयरलाइन) से हमारा आरक्षण था। सामान को एक्सरे मशीन के बीच से निकलवाने हेतु मैंने अपने सूटकेस एवं बैग को रखा तो एक्सरे मशीन में अन्दर की सारी स्थिति स्पष्ट हो गई कि अन्दर कहीं कोई विस्फोटक या अन्य प्रतिबन्धित सामग्री तो नहीं ले जायी जा रही है। एक्सरे मशीन पर बैठे अधिकारियों द्वारा पास कर दिये जाने पर मशीन के पास रखे कर्मचारियों ने सूटकेस को बन्द करने के स्थान पर सुरक्षा जांच की गयी की पर्ची चिपका दी। बैग को एक प्लास्टिक की पट्टी से सील कर दिया गया। इस प्रकार सामान की सुरक्षा जांच हो जाने पर पुनः ट्रॉली में रखकर में चैक इन के लिए टैरम एयरलाइन की लम्बी कतार में खड़ा हो गया और अपनी बारी का इंजतार करने लगा।

कतार में खड़े होने का मेरा ये प्रथम अनुभव नहीं था। वे कतारें जिनमें में पहले खड़ा हुआ करता था, उबाऊ होती थीं। यहाँ की कतारें उबाऊ नहीं थीं क्योंकि यहाँ का वातावरण चक्षुप्रिय था। संसार के लगभग हर देश के लिए यहाँ से उड़ानें होने के कारण यात्री दूसरे देशों के भी थे। चैक इन यानी टिकट के बदले बोर्डिंग कार्ड देने तथा सामान की बुकिंग के लिए पाँच काउन्टर थे। सभी काउन्टरों पर आकर्षक

व्यक्तित्व वाली महिलाएँ बैठी थीं। वे अपने पास ही लगे पट्टे पर सामान रखती थी तो वे ब्रिज यानी तुला वजन बता देती थी। वजन स्क्रीन पर आ जाता था। एयरलाइन द्वारा स्वीकृत क्षमता से अधिक सामान वाले लोगों को स्वीकृत क्षमता के अन्दर सामान लाने या अतिरिक्त भार का किराया (जो काफी अधिक था) देने के लिए कहकर वापस भी किया जा रहा था। स्वीकृत क्षमता से अधिक सामान वाले लोग अधिक नहीं थे। जो थे वे कतार के अपने अन्य साथियों में बांटकर पुनः आ गये थे।

सामान चैक इन करने के बाद वे बोर्डिंग पास लेकर इमीग्रेशन चैक की ओर बढ़ रहे थे। आव्रजन जांच यानी इमीग्रेशन चैक काउण्टर पर पासपोर्ट और वीजा की जांच की जा रही थी। अधिकारी पासपोर्ट और वीजा देख रहे थे। एक विशेष प्रकार की मशीन से निकल रही नीले रंग की लाईट के नीचे पासपोर्ट / वीजा रखकर भी वे उसकी जाँच पड़ताल कर रहे थे। सही पाने पर आव्रजन अधिकारी 'जाँच की गयी' मुहर लगाकर पासपोर्ट वापस दे रहे थे। वे एक घोषणा पत्र भी भरवा रहे थे जिसमें कस्टम से मुक्ति हेतु साथ के कीमती सामान का विवरण भरवा रहे थे।

आव्रजन जांच के उपरान्त सिक्योरिटी चैक यानी सुरक्षा जांच हेतु फिर कतार में लगना था। सुरक्षा जांच वाले अधिकारी यात्रियों का हैण्ड बैगेज यानी हाथ का सामान एक्सरे मशीन के बीच से निकलवा रहे थे। दूसरी ओर यात्रियों को मैटल डिटेक्टर गेट से पास करा रहे थे। यहाँ भी बोर्डिंग पास पर मोहर लगाई जा रही थी। एक्सरे मशीन के बीच से निकले हुए सामान पर चिप्पी लगाई जा रही थी तथा टैग लगी स्लिप पर 'सुरक्षा जांच की गई' की मुहर लगायी जा रही थी।

सुरक्षा जांच के बाद अन्दर के हॉल में पड़ी कुर्सियाँ एवं सोफों पर बैठकर लोग आराम फरमाने लगे थे। दरअसल लगेज चैक इन (बुकिंग), आव्रजन जांच और सुरक्षा जांच में लगी कतारों में खड़े-खड़े थकान भी हो चुकी थी। सुरक्षा के बाद उड़ान में बैठाने के लिए जब तक घोषणा नहीं की जाती तक तक आराम करने के अलावा कोई काम नहीं था। इस हॉल का वातावरण और भी अच्छा था। यहाँ हम उस एयरलाइन के मेहमान थे। यहाँ निःशुल्क स्वागत कॉफी की भी व्यवस्था थी जिसके लिए कूपन दिया गया था। उड़ान के निर्धारित समय से तीन घण्टा पूर्व आने और लगातार कतारों में खड़े होने से हुई थकान सोफे पर बैठकर थोड़ा आराम करने और फिर कॉफी पीने से दूर हो गयी थी।

ड्यूटी फ्री शॉप पर यात्री खरीददारी कर रहे थे। इंतजार का समय खरीददारी आदि में आराम से कट जाता है। कुछ ही देर में घोषणा हो गई कि टैरम एयरलाइन के यात्रियों को द्वार संख्या 4 से विमान में बैठने हेतु प्रस्थान करना है। घोषणा के बाद द्वार संख्या 4 पर एक बार फिर लम्बी कतार लगने लगी। इस कतार में केवल बोर्डिंग पास तथा हाथ के सामान में लगे टैग पर सुरक्षा जांच की मोहर लगी है या

नहीं, देखा जा रहा था। द्वार से निकलते ही एक लम्बी सुरंग में होते हुए विमान के गेट पर पहुँच गये।

गेट पर खड़ी परिचारिकाएँ अपनी व्यावसायिक मुस्कान (प्रोफेशनल स्माइल) के साथ स्वागत की मुद्रा में सीट नम्बर देखकर अन्दर की ओर निर्देशित कर रही थीं। सीट पर पहुँचकर हमने अपना हैण्ड बगेज ऊपर की केबिन में रख दिया। ये हवाई जहाज काफी बड़ा था। इस उड़ान में जाने वाले यात्रियों के बैठने की सीटें 320 थीं। अन्दर का वातावरण सुखदायक था। सीटें आरामदायक और पीछे की ओर झुकने वाली थीं। थोड़ी ही देर में यात्रियों के अन्दर आ जाने पर कुछ अधिकारी गिनती करने लगे और मिलान आदि की औपचारिकताएँ पूरी कर वापस चले गये। विमान का द्वार बन्द कर दिया गया।

विमान के अन्दर एक दर्जन परिचारक एवं परिचारिकाएँ सेवारत थे। सभी आकर्षक वेशभूषा पहने हुए थे। पुरुष कॉलर पर बटरफ्लाई टाई बाँधे थे। महिलाएँ कोट और घुटने तक की स्कर्ट पहने थीं। उन्होंने स्टोकिंग्स कहे जाने वाले लम्बे मोजे व जूते पहने थे। उनके चेहरों पर मुस्कराहट थी। सभी अपने मेहमानों की देखरेख में चलते फिरते नजर आ रहे थे। उनके चेहरे और चाल देखकर उनकी व्यावसायिक कटिबद्धता का सहज अन्दाज लगाया जा सकता था। किसी की भी उम्र 40 वर्ष से अधिक नहीं लग रही थी।

एक परिचारिका ट्रे में भीगी हुई तौलियों के रोल दे रही थी ताकि यात्री अपना चेहरा पोंछकर ताजगी महसूस कर सकें। एक परिचारिका फ्रैश लाइम वाटर के पैक किये हुए छोटे-छोटे गिलास लेकर आयीं तौलिया से चेहरा पोंछकर फ्रैश लाइम वाटर पीकर यात्री तरोताजा महसूस कर रहे थे। पायलट कक्ष (कॉकपिट) से एक परिचारक निकला। उसने विमान के अग्रभाग में लटके फोन से कुछ कहा। इसी बीच पायलट ने अपना नाम बताते हुए, विमान के यात्रियों का स्वागत करते हुए बताया कि ये विमान यहाँ से उड़ान भरने के उपरान्त बुखारेस्ट (रोमानिया की राजधानी) तक की दूरी 6 घण्टे में तय करेगा।

सीट के ऊपर लगे एक बटन को दबा देने पर छोटा सा बल्ब जल जाता था। जला हुआ बल्ब देखकर सम्बन्धित परिचारक/परिचारिका आकर तुरन्त पूछती थी। किसी ने पानी मांगा होता था तो वह पानी लाकर दे रही थी। किसी ने अखबार तो उसने अखबार लाकर दिया। एक परिचारिका एक ट्रे में कॉटन की पुड़ियाँ तथा टॉफियाँ लेकर सबके आगे घुमा रही थी। यात्री कॉटन और टॉफियाँ ले रहे थे।

विमान में पेटी बाँधने का संकेत पहले से ही बना हुआ था। सभी लोग अपनी-अपनी सीट पर बैल्ट बाँधे हुए थे। फिर भी ज्यों ही विमान चलना प्रारम्भ हुआ, सभी परिचारिकाएँ अपने-अपने निर्धारित स्थान पर खड़ी हो गयीं। विमान में उद्घोषणा हुई कि अपने-अपने सेलफोन या अन्य इलैक्ट्रॉनिक्स डिवाइस का उपयोग

न करें क्योंकि इसमें पायलट को मिलने वाले ए.टी.सी. (एयर ट्रैफिक कंट्रोल) संकेतों में व्यवधान आता है। फिर उसने कहा कि अब आपको सुरक्षा उपायों के बारे में बताया जायेगा। उधर उद्घोषणा में जो बताया जा रहा था, परिचारिका उसका डैमो दिखा रही थी। बैल्ट कैसे बंधेगी, कैसे खुलेगी? यदि हवा का दवाब ऊपर कम हो गया तो एक मास्क ऊपर से अपने आप नीचे आ जायेगा जिसको अपनी नाक के सामने लगाकर सांस ले लें। आपातकालीन द्वार कहाँ-कहाँ हैं, वह संकेत करके दिखा रही थी। उसने यह भी बताया कि आपातकालीन स्थिति में यदि विमान को पानी में उतरना पड़े तो सीट कुशन को तैरने के लिए प्रयोग करें। बूढ़ों और बच्चें की मदद करें। जो लोग आपातकालीन खिड़कियों के पास बैठे थे, उन्हें खिड़की को खोलने आदि की जानकारी भी दी। विमान धीरे-धीरे रनवे की ओर बढ़ रहा था।

रनवे के पास पहुँचने पर पायलट ने विमान रोक लिया और ए.टी.सी. यानी एयर ट्रैफिक कन्ट्रोल के निर्देश का इंतजार करने लगा। संकेत मिलते ही पायलट ने घोषणा की कि अब हमारा विमान उड़ने (टेक ऑफ) करने के लिए तैयार है। विमान चलने लगा और उसकी गति काफी तेज हो गई। कुछ ही देर में विमान का आगे का हिस्सा ऊपर उठ गया। पीछे का हिस्सा भी उठा और विमान आकाश की ओर ऊपर उड़ने लगा। निर्धारित ऊँचाई पर पहुँचने पर बैल्ट बाँधने के संकेत बन्द कर दिये गये।

ऊपर पैनल पर जैसे ही बैल्ट बाँधने के संकेत बन्द हुए विमान में फिर से एक बार चहल-पहल हो गई। कुछ यात्री टॉयलेट के लिए निकल रहे थे। विमान की परिचारिकाएँ छोटी-छोटी बोतलों में विभिन्न प्रकार के जूस एवं मादक पेय पदार्थ लेकर फिर उपस्थित हुईं। थोड़ी ही देर में एक परिचारिका (एअर होस्टैस) ने नयनों से मदिरा छलकाते हुए सोफ्ट एवं हार्ड ड्रिंक्स प्रस्तुत किये। यात्री अपनी पसंद के मुताबिक ड्रिंक ले रहे थे। पेय पदार्थ समाप्त होने पर पुनः प्राप्त करने की भी छूट थी। अधिकांश यात्री तीन-तीन दौर चला चुके थे। कुछ यात्री अभी और भी माँग रहे थे।

खाने की प्लेटों से लदी ट्रॉली आ गई और खाना परोसा जाने लगा। खाने में शामिष और विरामिष तथा कॉन्टीनेन्टल सभी प्रकार के खाने थे। ये खाने एक पंच सितारा होटल द्वारा एयरलाइन को दिये गये थे। इनके पैकिंग एवं स्वाद से लग रहा था कि पंच सितारा होटल वालों ने यात्रियों की चाहत का पूरा-पूरा ध्यान रखा है। खाना समाप्त होने के साथ-साथ कॉफी एवं चाय भी परोसे गये थे।

खाने के उपरान्त विमान के अन्दर की रोशनी कम कर दी गई थी। जो यात्री सोना चाहते थे वे कुछ देर के लिए सो गये और जो पढ़ना चाह रहे थे वह सीट के ऊपर केबिन के निचले हिस्से में लगी बत्ती जलाकर मैगजीन आदि पढ़ रहे थे। कुछ लोग अपने-अपने कान में इयरफोन लगाकर अपनी मर्जी के चैनल से गाने आदि

सुन रहे थे। सीट के हत्थों में इयरफोन का एक सिरा प्लग की तरह लगाकर इच्छित चैनल चुना जा सकता था। इन हत्थों से सभी तरह के रेडियो बैण्ड चैनल बदलने पर गाने आ रहे थे। विमान की छत पर चार टी.वी. इस प्रकार लटक रहे थे कि यात्री आसानी से उन पर उनके मनोरंजन हेतु चलने वाले कार्यक्रम देख सकें।

विमान के परिचारक/परिचारिकाओं तथा कप्तान द्वारा दी जाने वाली सूचनाएँ भी टी.वी. स्क्रीन पर दी जा रही थीं। कभी विमान की रफ्तार, बाहर का तापमान, हवा का वेग/दवाब, समुद्र तल से ऊँचाई तथा संसार का नक्शा और उस पर धीरे-धीरे खिसक रहा विमान का संकेत चित्र को देखकर यात्री समझ सकते थे कि उनका विमान किस वायु मार्ग से होकर कहाँ जा रहा है और उनके गन्तव्य स्थान तक पहुँचने में अभी कितना समय और लगेगा। स्क्रीन पर आती-जाती इन सूचनाओं और मनोरंजक कार्यक्रमों में यात्रियों का मन किसी भी पल खाली नहीं रहता। वे आसमान में उड़ते हुए भी किसी पंच सितारा होटल का लुफ्त उठा रहे होते हैं।

परिचारिकाओं के व्यवहार से कतई नहीं लग रहा था कि यान के यात्री थोड़ी देर के ही मेहमान हैं। उनका आतिथ्य घर पर आए मेहमान के लिये लग रहा था। उनके होठों से उभरती मुस्कान पुनः आगमन के लिये आमंत्रण दे रही थी।

उनका देशीय पहनावा उन पर खूब फब रहा था। पहरावा उनके शारीरिक भूगोल को यथावत प्रदर्शित कर रहा था। फुर्ती के साथ अपने कार्य में व्यस्त ये परिचारिकाएँ इंद्रलोक की अप्सराओं से कम नहीं लग रही थीं। एक परत उपाट देने के बाद दिखने वाले केले के तने सी स्कर्ट के नीचे दिखती अर्द्ध जंघाओं तक खुली उनकी टांगें, स्कर्ट पर उभार लिये नितम्ब, यूनिफॉर्म वाले कोट से बाहर झांकता वक्ष, पुष्ट स्कन्ध, दीर्घ ग्रीवा, तोते सी नुकीली नांक, गदराए आम से सुनहरे गाल, लाली लगे होठों में झाँकते मोतियों से दाँत, बार-बार गालों को चूमने का प्रयास करती कानों में लटकती बालियों के सैट, वक्ष को स्पर्श करता मंगलसूत्र सा आभूषण, मदिरा उड़ेलती आँखें, नाटकीय भंगिमा में खिंची भृकुटियों के सागर में तैरती पुतलियां और ऊपर से भरपूर यौवन वाली ये परिचारिकाएँ इंद्र की अप्सराओं से कम कैसे हो सकतीं?

ये परिचारिकाएँ आसमान में उड़ रहे वायुयान की यात्रा को इन्द्रलोक सा रमणीय एवं शालीन बनाने के लिए होती हैं। उनके द्वारा परोसे गये भोजन में स्वाद भले न उतना हो परन्तु लगता स्वादिष्ट है। उनके द्वारा प्रस्तुत की गयी मदिरा से भले ही नशा न चढ़े लेकिन खुमार का नशा यात्रा के काफी बाद तक चढ़ा रहता है। खुशगवार वातावरण में आनन्दित यात्री कुछ देर के लिए यात्रा की इन घड़ियों में होने वाले हादसों को भी भूल जाते हैं।

छह घण्टे की लगातार हवाई यात्रा के बाद हम रोमानिया की राजधानी बुखारेस्ट पहुँचे। बुखारेस्ट हवाई अड्डे पर हमें ट्रांजिट लाँज में ले जाया गया तथा दूसरा टिकट दिया गया। यहाँ हमें साढ़े तीन घण्टे इंतजार करना था। साढ़े तीन घण्टे के बाद

रोमानियन एयरलाइन का विमान इंग्लैण्ड की राजधानी के लिए पुनः उड़ान भरने वाला था।

टैरम (रोमानिया एयरलाइन) व्यावसायिक दृष्टिकोण से यात्रियों को आकर्षित करने के लिए सस्ती दरों में बुकिंग करके अपने देश के एयरपोर्ट ले जाती हैं। लंदन के लिए बचे यात्री जो लाउंज में थे उनके अलावा अन्य विभिन्न स्थानों से लाये गये यात्रियों को मिलाकर एक उड़ान भर के यात्री हो गये थे। ऐसा वे इसलिए करते हैं ताकि विमान पूरा भर सके, सीटें खाली न रह पायें। यहाँ पहुँचकर लोग उनके देश की दुकानों से सामान खरीदेंगे, ट्रांजिट वीजा लेकर घूमेंगे, उनका पर्यटन बढ़ेगा और उनका फायदा होगा तथा फिर वहाँ वे लंदन के लिए जाने वाले विमान भर के लिए हो जायेंगे। इससे खर्च की बढोत्तरी नहीं होती और अतिरिक्त यात्री मिल जाते हैं, जिससे उनके यान की सीटें खाली नहीं रहती हैं और लाभ होता है। यात्री सस्ते के लालच में इन्हें पसंद करते हैं। साढ़े तीन घण्टे का इंतजार भी बचत के सामने खलता नहीं है।

मेरी घड़ी में साढ़े ग्यारह बज रहे थे, लेकिन बुखारेस्ट में अभी सुबह ही हुई थी। यहाँ इतने लम्बे इंतजार को काटने के लिए में एयरपोर्ट की ड्यूटी फ्री शॉप में घुस गया। ये काफी बड़ा एक डिपार्टमेन्टल स्टोर था जिसमें जरूरत की अधिकांश चीजें उपलब्ध थीं। मेरा सेविंग किट अटैची में था जो लगेज में चली गई थी। अतः लन्दन के पहले हमें नहीं मिल सकती थी।

सुबह ब्रुश करने की आदत थी, अतः एयरपोर्ट पर ही ब्रुश करने का मन हुआ। ब्रुश के लिए मैं इस ड्यूटी फ्री शॉप से ब्रुश और टूथपेस्ट खरीदना चाहता था। जब उसकी कीमत देखी तो 7.5 डॉलर। मैंने तुरन्त रुपयों में गिनने के लिए 45 का गुणा किया तो मुझे लगा कि यह बहुत महंगा है और देश के बाहर तो वही धन है जो हमारे पास उपलब्ध है। अतः अपना बजट किसी प्रकार नहीं बिगाड़ना है। यहीं मुझे अहसास हुआ कि अपनी सरहद के अन्दर हम कितने आजाद और सुखी हैं। यहाँ हमें अपनी आर्थिक सीमाओं में ही रहना है।

गाँव में उंगली से दाँत मांजने और नीम/बबूल की लकड़ी से ब्रुश की तरह दाँत और मुँह साफ करने की परम्पराओं को याद कर में अपनी सस्ती और सादगी वाली सस्कृति की मन ही मन प्रशंसा कर रहा था। यहाँ मुझे एक सुखद अहसास हुआ कि यहाँ मेरी पहचान एक भारतीय की थी और भारतीय होने पर मुझे गर्व है। मैंने अपनी संस्कृति की सादगी का ख्याल करते हुए अपनी उंगली से ही दाँत साफ किये और कुल्ला किया।

इंतजार का समय काटने के लिए मैंने एयरपोर्ट स्थित लगभग सभी दुकानों का भ्रमण किया। उनमें लगभग सभी देशों के विभिन्न प्रकार के सामान उपलब्ध थे। वे सब ड्यूटी फ्री शॉप पर हमें बहुत अधिक कीमती लग रहे थे। मैंने सोच लिया

था कि वापस लौटते समय बचे हुए पाउण्ड से ही घर वालों के लिए गिफ्ट आदि खरीदेंगे ताकि प्रवास के दौरान किसी प्रकार की आर्थिक कमी न रहे। चूँकि वापसी में मुझे इसी एयरलाइन के विमान से आना था और इस एयरलाइन का विमान यहीं से होकर दिल्ली जाएगा। अतः जो चीजें मुझे पसंद आयी थीं उन्हें यदि वापसी में बचे हुए पाउण्ड से यहीं से खरीद लूंगा। इस प्रकार मैंने विभिन्न प्रकार की वस्तुएँ देखने तथा सोफे पर बैठकर इंतजार का समय काटा। विदेशी अन्तर्राष्ट्रीय एयरपोर्ट पर ये पहला अवसर था इसलिए नए-नए नजारे देखकर इतना लम्बा समय काटने में अधिक कठिनाई नहीं हुई थी।

चौबीसों घण्टे खुले रहने वाले डिपार्टमेन्टल स्टोर पर दूसरी पारी का स्टाफ प्रतिस्थापन हेतु आने लगा था। एक डिपार्टमेन्टल स्टोर में परफ्यूम की गैलरी में अपनी सहकर्मी महिला को मुक्त करने के लिए जो लड़का आया था वह उससे गले मिला और काफी देर तक चिपके-चिपके ही उसकी पीठ थपथपाता रहा। भारतीय आँखों के लिए सरेआम गले मिलकर चुम्बन लेने का दृश्य नया था। इसलिए इस पल को वह गवां नहीं सकती थीं। इसके बाद और भी कुछ दृश्य उपस्थित हुए और इन दृश्यों ने इंतजार की घड़ियों को आसान बनाया था।

कोरी आँखों पर खिंचे सरेआम दीर्घ चुम्बन के दृश्य अभी धुंधलाए भी नहीं थे कि लंदन जाने वाले यात्रियों के लिए सुरक्षा जांच की घोषणा होने लगी। सुरक्षा जांच के बाद पुनः विमान में दाखिल होने के लिए की जाने वाली घोषणा का में इंतजार करने लगा। विमान तक ले जाने के लिए बस लग गई थी। आवश्यक जांच के बाद हमें बस द्वारा पुनः विमान तक पहुँचाया गया। ये विमान काफी छोटा था। इस विमान में भी वहीं सारी औपचारिकताएँ और नाश्ते आदि की व्यवस्था थी। दो घण्टे की उड़ान के पश्चात् में लन्दन के हीथ्रो एयरपोर्ट पर उतरा।

हीथ्रो एयरपोर्ट के आव्रजन अधिकारियों द्वारा पूछताछ की गई। एक ने आने का कारण पूछा तो मैंने हिन्दी सम्मेलन में सम्मिलित होने हेतु आया हूँ, कहा। इस पर वह चुटकी लेने लगा कि ये तो अंग्रेजी का देश है यहाँ हिन्दी सम्मेलन का क्या मतलब? मैंने उसे स्पष्ट किया कि इंग्लैण्ड में भारतीय मूल के लोगों द्वारा अपने सांस्कृतिक कार्यक्रम में एक मद काव्य पाठ का रखा है और में इसी में सम्मिलित होने हेतु आया हूँ। वह समझ गया और फिर उसने मुझे जाने की इजाजत दे दी।

बाहर निकला तो लगेज बैल्ट पर मेरी अटैची आ गई थी। मैंने ट्रॉली ली और अपना सामान लेकर बाहर निकला तो मीट एण्ड ग्रीट पोइंट पर सक्सेना दम्पत्ति मेरे इंतजार में खड़े थे। वे अपनी मर्सडीज कार में आये थे। सामान लेकर हम लोग जब बाहर निकले तो बाहर का वातावरण खुशगवार था। सामान कार में रखकर हम लोग चल दिये थे। गाड़ी की सभी खिड़कियाँ बन्द थी अतः ताजा हवा के लिए उन्होंने कार की छत पर एक चौकोर हिस्से को उठा दिया। भारतीय कारों में इस प्रकार का ढक्कन मैंने नहीं देखा था।

इंग्लैण्ड में साढ़े पाँच घण्टे का फर्क था। मेरी घड़ी में साढ़े चार बज रहे थे और यहाँ ग्यारह बज रहे थे। तापमान 18^0 था। सूरज की गुनगुनी धूप अच्छी लग रही थी। दिल्ली एयरपोर्ट में घुसने तक पसीना आ रहा था। काफी उमस वाली गर्मी थी, लेकिन वातानुकुलित होने के कारण एयरपोर्ट के अन्दर का वातावरण सुखद था। हमने गर्म कपड़े अपने हैण्ड बैगेज में रख लिये थे। अतः अटैची बिना खोले ही यहाँ की सर्दी के मुताबिक स्वेटर पहन चुका था। सक्सेना जी अपने मित्र के घर होते हुए अपने घर के लिए रवाना हुए थे। अतः सक्सेना जी के घर पहुँचने के पहले मुझे इंग्लैण्ड के रिहायशी इलाकों का ज्ञान हो गया था।

टेम्स नदी के किनारे बसे लंदन शहर का दृश्य भव्य था। टेम्स नदी लंदन की जीवन रेखा की तरह उसके बीच से गुजर रही थी। टेम्स के किनारे सैलानियों से आबाद थे। स्टीमर और छोटी-छोटी फैरी कही जाने वाली नौकाएँ यात्रियों को नौकायन का आनन्द दे रही थीं। यद्यपि अत्याधुनिक शहरों में नदियों की स्थिति सामान्यतः अच्छी नहीं होती। पूरे शहर की गन्दगी से नदी का जल प्रदूषित होता है। उसकी ऑक्सीजन एवं शुद्ध जल प्रदान करने की क्षमता समाप्त हो चुकी होती है, लेकिन टेम्स जीवनदायिनी नदी के रूप में लंदन के बीच से प्रवाहित हो रही थी। मुझे आगरा की यमुना याद आ रही थी।

लंदन में बह रही टेम्स नदी अभी भी जीवित दिखाई दी। टेम्स में आज भी पानी के बड़े-बड़े जहाज गुजरते हैं। सैलानियों की छोटी-छोटी नौकाएँ तो हजारों की संख्या में चलती हैं। बड़े-बड़े जहाजों को निकलने में असुविधा न हो, इस बात के लिए कहीं लीवर ब्रिज और कहीं फोल्डिंग ब्रिज की तकनीकी के पुल हैं। टॉवर ब्रिज ऐसा ही उदाहरण हैं। ये टॉवर ब्रिज लंदन के चंद पहचान चिन्हों में से एक है। 1894 में बना ये पुल अपनी तकनीकि में बेमिसाल है जो पोत के आने पर तीन मिनट में बीच से दो हिस्सों में बँटकर खुल जाता है। पोत के निकल जाने पर अपनी स्थिति में वापस आ जाता है। ट्रैफिक चालू हो जाता है।

धरती, धर्म और धारणाएँ

इंग्लैण्ड के बारे में भारत के लोग अंग्रेजों से भी ज्यादा जानते हैं। 200 वर्ष का अंग्रेजों का आधिपत्य और लॉर्ड मैकाले की शिक्षा प्रणाली ने भारतीयों को इंग्लैण्ड के इतिहास, संस्कृति और साहित्य आदि के बारे में इतनी अधिक जानकारी पहले से ही दे दी कि अब उन्हें और बताने की आवश्यकता नहीं है। शायद वे भारत के बारे में कभी इतना न जान पायें। मैकाले की इस प्रणाली से एक तरफ भारतीय अंग्रेज पैदा हुए दूसरी ओर तृतीय श्रेणी की नौकरियों के लिए बाबू। आजादी के बाद भी मैकाले की व्यवस्था तोड़ पाना संभव नहीं हुआ। इसका सीधा मतलब ये कि भारतीयों के सामने इंग्लैण्ड की बातें करना नानी के आगे ननिहाल की बातें करने जैसा है, फिर भी ये सोचकर कि असली भारत तो गांवों में बसता है और भारतीय भाषाओं में पढ़ता है। हिन्दी अब भारत की राष्ट्र भाषा के रूप में स्थापित हो चुकी है। हिन्दी में कही हुई बात दूर-दूर तक जाने के साथ-साथ जन-जन तक जाती है।

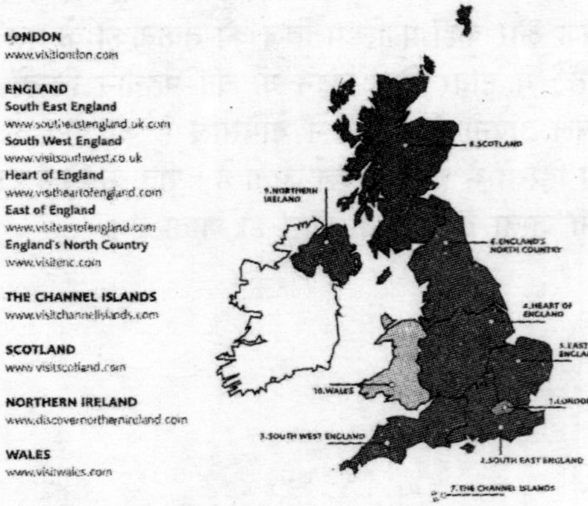

इंग्लैण्ड का मानचित्र

इंग्लैण्ड का उदारवाद भारत के लोगों के लिए हमेशा ही प्रेरणा का स्रोत रहा है। आजादी की लड़ाई में भी उदारवाद की अवधारणाओं ने भारतीयों में काफी जोश फूँका था। मेरा विश्वास है कि जिस धरती के बारे में मैं बताने जा रहा हूँ उसके

प्रति भले ही हमारे पूर्वाग्रह हों, लेकिन उनकी उपेक्षा नहीं की जा सकती। वैज्ञानिक, तकनीकि, राजनैतिक, सामाजिक, सास्कृतिक एवं साहित्यिक क्षेत्र की उनकी उपलब्धियाँ सारी मानव जाति के लिए हैं। इंग्लैण्ड में अपने अनुभवों को शब्द-चित्रों के माध्यम से में हिन्दी जगत के समक्ष समाज, संस्कृति आदि का एक ऐसा मॉडल प्रस्तुत कर रहा हूँ जिसके प्रति पूर्वाग्रहयुक्त जानकारी हमें पहले से है। अब न वह लोग हैं जिन्होंने हमें प्लासी के युद्ध में हराया था और न अब वह हम हैं जो हार गये थे। अब परिस्थितियाँ बदल चुकी हैं। एक दर्शक के रूप में आँखन देखी, कागद लेखी इंग्लैण्ड की झांकी प्रस्तुत कर रहा हूँ। इसमें कहीं-कहीं हमारा अतीत है, कहीं-कहीं हमारा वर्तमान है और कहीं-कहीं हमारा भविष्य है।

इंग्लैण्ड की धरती वह गौरवमयी धरती है जिसने सारी दुनिया पर राज किया है। इसी धरती पर शेक्सपियर, विलियम वर्ड्सवर्थ, कीट्स, जॉर्ज बर्नाड शॉ जैसे साहित्यकार, हॉब्स, लॉक, ग्रीन, जे.एस. मिल, जैसे दार्शनिक, डार्विन और न्यूटन जैसे वैज्ञानिकों ने जन्म लिया। भौतिक रूप से भले ही ये धरती एक छोटे से भूभाग को दर्शाती हो लेकिन इसका इतिहास बहुत विशाल है। इतिहास कहीं का भी हो इंग्लैण्ड का जिक्र उसमें अवश्य होगा। चारो ओर पानी से घिरे इस देश के उत्तरी भाग में बड़े-बड़े चरागाह हैं और हल्की ऊँचाई वाले पठार हैं। इसमें कहीं नदियाँ और कहीं झीलें हैं। भौतिक रूप से इंग्लैण्ड के मुख्यतः चार भाग किये जा सकते हैं। एक इंग्लैण्ड, दूसरा स्कॉटलैण्ड, तीसरा बेल्स और चौथा आयरलैण्ड। इनमें ब्रिटेन अर्थात् इंग्लैण्ड को ही प्रमुखता/प्रसिद्धि मिली और लंदन पूरे देश अर्थात् यूनाइटेड किंगडम की राजधानी बना। प्रारम्भ में लन्दन वेस्टमिन्स्टर एवं सिटी ऑफ लंदन को मिलाकर बना था जो धीरे-धीरे विकसित होकर वृहद रूप लेता गया और आज मेगा सिटी के रूप में 33 नगर परिषदों (बरों) वाला शहर है।

ऐतिहासिक, राजनैतिक एवं सांस्कृतिक रूप से समृद्ध देश इंग्लैण्ड की राजधानी लंदन है। यह संसार के बड़े और अत्याधुनिक शहरों में गिना जाता है। ये शहर इंग्लैण्ड के दक्षिण-पूर्व में टेम्स नदी पर स्थित है। उत्तरी सागर के पूर्व में मुहाने वाली 80 कि.मी. लम्बी कंकड़, पत्थर, बजरी और चिकनी मिट्टी पर बहती ज्वारीय नदी अनन्तकाल से लंदन की जीवन रेखा है। टेम्स की बात किये बिना इंग्लैण्ड की बात और विशेष रूप से लंदन की बात अधूरी है। इंग्लैण्ड के अनगिनत उतार-चढ़ावों की साक्षी टेम्स अविरल प्रवाहित है।

लंदन लगभग दो हजार वर्ष पहले रोमन लोगों द्वारा एक चहारदीवारी वाले शहर के रूप में टेम्स के किनारे बसाया गया था। एक वर्ग मील में बसे प्राचीन लन्दन शहर की सीमाओं में आज भी अधिक परिवर्तन नहीं हुआ है। आज यहाँ बड़े-बड़े बैंक एवं अन्य कम्पनियों के मुख्यालय हैं। सेंट पॉल्स कथीड्रल एवं टॉवर ऑफ लन्दन दोनों इसी शहर में स्थित हैं।

आवोहवा के बारे में एक पुरानी कहावत है कि लंदन में जलवायु नहीं मौसम होता है। मौसम के बारे में कोई भविष्यवाणी नहीं की जा सकती। जनवरी से मार्च के बीच की अवधि में तापमान सामान्यतः 0^0 से 10^0 के बीच होता है। अप्रैल से जून तक का तापमान 10^0 से 20^0 के बीच होता है और जुलाई अगस्त में 20^0 से 22^0 के बीच होता है लेकिन उत्तरी भाग में 12^0 से 14^0 के बीच होता है। सितम्बर से तापमान में लगातार गिरावट होती रहती है जो दिसम्बर में 4^0 से 6^0 के बीच आ जाता है। यहाँ मौसम का मिजाज हर रोज बदलता रहता है, इसलिए कोई भी भविष्यवाणी करना मुश्किल है। थोड़ी-बहुत बारिश कभी भी हो जाती है जिसके कारण बड़े बुजुर्ग लोग छतरी लेकर चलने के आदी हैं। घरों में प्रवेश द्वार के निकट ही छतरी, टोप और ओवरकोट टाँगने का स्टैण्ड रखा रहता है। पूरे इंग्लैण्ड में लगभग एक सा ही मौसम रहता है।

मौसम की अनिश्चितता के कारण इंग्लैण्ड की विचारधारा में यह बात समा गयी है कि मौसम के भरोसे कुछ नहीं छोड़ना है। मौसम के हर मिजाज से जूझने का इंतजाम उपलब्ध रहता है। हाँ, मौसम की इस स्थिति के कारण हरियाली खूब रहती है। सारे इंग्लैण्ड की धरती हरी चादर से ढकी रहती है। पार्कों और उद्यानों की हरियाली एवं फुलवारी देखते ही बनती है। लंदन के लोग तो यह बात बड़े धड़ल्ले से कहते हैं कि उनके बराबर के किसी भी शहर में इतनी हरियाली एवं फुलवारी नही हैं। हाइड पार्क, हॉलैण्ड पार्क, रिचमण्ड पार्क, बुसी पार्क एवं लंदन उद्यान इसके उदाहरण हैं। हरियाली के प्रति लोगों की जागरूकता इतनी है कि घर-घर में किचन गार्डन मिल जायेगा।

कुछ पार्क लंदन में ऐसे भी है जिनमें वन्य प्राणी भी रखे जाते हैं रिचमण्ड और बुसी ऐसे ही पार्क है। पार्कों में पेड़ कहीं शोभादार, कहीं छायादार, कहीं औषधीय, कहीं फूलदार और कहीं फलदार हैं। गिलहरी, लोमड़ी, हिरन एवं बतख आदि वन्य प्राणी इन पार्कों में मिल जाते हैं। हंस प्राचीन काल से ही राजकीय सानिध्य युक्त माने जाते हैं। लम्बी गर्दन वाली रीगल चिड़िया भारतीय बत्तख जैसी होती है।

उत्तर में स्कॉटलैण्ड में हल्की ऊँचाई वाली पहाड़ियाँ तथा पठार हैं। इन पहाड़ियों एवं पठारों पर घास उगी रहती है, अतः हरियाली की हरी चादर बिछी दिखाई देती है लेकिन सर्दियों में यहाँ बर्फ जमी रहती है और इस पर स्कीइंग खेल खेला जाता है। स्कॉटलैण्ड में इस हरियाली में सफेद रंग वाली भेडें चरती हुई दिखाई देती हैं। घोड़े और गायें प्रायः सड़कों के किनारे तारों से घिरे खेतों (फार्म) में घास चरते मिलते हैं। भारत की तरह घर के अहातों में उन्हें पालने की व्यवस्था नहीं दिखी। खेतों में ही बने फार्म हाउस में ये जानवर रहते हैं।

हल्की-फुल्की बारिश की बौछार और आद्र मौसम और हरियाली से भरी धरती के कारण कहीं धूल उड़ती नहीं दिखाई दी और इसीलिए घरों की सफाई कई-कई दिन तक चल जाती है।

इंग्लैण्ड में टाउन प्लानिंग और मकानों के नक्शे बहुत ही अच्छे लगे। छोटे प्लाटों में बने मकान भी चारों ओर से खुले हैं। हरियाली उगायी गयी है। खुले भाग से कभी धूप में भी बैठा जा सके और कपड़े भी खुले में सुखाये जा सकें, इस बात का पूरा ध्यान रखा गया है। इन मकानों में डुप्लेक्स प्रकार के मकान अधिक दिखाई दिये, परन्तु अन्दर लकड़ी का प्रयोग, फर्श एवं कवर्ड, अलमीरा, चौखट आदि में दिखाई दिया। फर्श पर लकड़ी का प्रयोग ठण्डे इलाकों में इसलिए होता है क्योंकि लकड़ी बैड कन्डक्टर है। इससे होकर गर्मी या सर्दी स्थानान्तरित नहीं हो सकती। मकान के अन्दर दीवार से दीवार तक ऊनी कारपेट बिछा रहता है। लकड़ी एवं कारपेट होने से घर के अन्दर सर्दी का प्रभाव खत्म हो जाता है और अन्दर का वातावरण काफी सुखद हो जाता है।

अत्यधिक सर्दी/बर्फ पड़ने पर घरों को गर्म रखने के लिए हीटिंग सिस्टम का प्रयोग किया जाता है। 'हीटिंग' एक ऐसा सिस्टम है जिसमें घर के अन्दर दीवारों के किनारे-किनारे पानी के पाइप और फिर कमरों एवं गलियारों में इन पाइपों की कोइल और उन्हें ढकने के लिए लोहे की चादर लगी रहती है। इन पाइपों में गर्म पानी दौड़ाया जाता है जिससे पूरा घर गर्म हो जाता है। घर के अन्दर इन पाइपों की कोइल्स से सटी चादर पर कपड़े भी सूख जाते हैं। अत्यधिक सर्दी पड़ने पर पाइप में पानी के जम जाने से फटने का डर रहता है। लेकिन हीटिंग से पानी के पाइप फटने की भी संभावना कम हो जाती है। घर गर्म हो जाता है।

घरों में खिड़कियाँ काँच की होती हैं। खिड़कियों में लगा शीशा बहुत अच्छा होता है जो पारदर्शिता का सुख देने के साथ-साथ मजबूत भी होता है। ताजी स्वच्छ हवा के लिए खिड़की पर ही छोटा एग्जोस्ट लगा रहता है। बाहर की ऑक्सीजन वाली वायु इससे अन्दर आ जाती है और अशुद्ध हवा इससे बाहर निकल जाती है। किचन में एग्जोस्ट अवश्य लगा होता है। किचन में धुंए को सोखने के लिए एक प्रकार की छतरी लगी रहती है जो धुंए को सोख लेती है। इससे धुआँ घर के अन्य हिस्सो में नहीं जाता तथा घर की दीवारें काली नहीं होती। बाथरूम में स्नान हेतु बने टब में ही स्नान किया जाता है और वह भी बाथरूम पर्दा (प्लास्टिक निर्मित) डालकर ताकि पानी की छींटों से बाथरूम (टब के बाहर वाला हिस्सा) गीला न हो सके।

सुरक्षा का ध्यान तो इतना रखा गया है कि बाथरूम के अन्दर का बल्ब जलाने के लिए स्विच नहीं होता है। छत में एक धागा लटका होता है जिसे खींचने पर बल्ब जल जाता है और दोबारा खींचने पर बल्ब बन्द हो जाता है। धागे को लगाने का कारण सुरक्षा है क्योंकि बाथरूम में भीगे हाथों से स्विच ऑन-ऑफ करना खतरनाक साबित हो सकता है।

रोशनी का ध्यान भी हवा की तरह अवश्य रखा जाता है। कमरों में शीशे की खिड़कियाँ लगी रहती हैं ताकि अंधेरा न होने पाये। खिड़कियों में लगा शीशा रोशनी

प्रदान करता है लेकिन ठण्ड रोधक का कार्य भी करता है।

घरों की छतें भारत की तरह सपाट न होकर झोपड़ीनुमा बीच में ऊँची लेकिन दोनों ओर ढालू अथवा छप्परनुमा एक ओर ढूल होती हैं। ढालू बनाये जाने का कारण सर्दी में अत्यधिक बर्फ का गिरना है। ढालू छत होने से बर्फ खिसक कर नीचे आ जाती है जिससे छत पर अत्यधिक वजन नहीं बढ़ पाता।

इंग्लैण्ड में घरों को अत्याधुनिक सुविधाओं से युक्त बनाया गया है। मध्यम वर्गीय घरों में भी बैठकों के साथ प्रायः बार (मदिरालय) की व्यवस्था रहती है। बार विभिन्न प्रकार की बोतलों से सुसज्जित होता है। बार जितना अधिक भरा होता है वह व्यक्ति उतने ही ऊँचे स्टेट्स का माना जाता है। घरों मे छोटी लाइब्रेरी की व्यवस्था प्रायः देखने को मिली। घर के बाहरी गेट के पास छतरी एवं बरसाती टाँगने और अन्दर कोट एवं ओवरकोट टाँगने के लिए स्टैण्ड अवश्य होते हैं। गर्म पानी की व्यवस्था बाथरूम व किचन में आवश्यक रूप से होती है। गर्म पानी को ठण्डे पानी के साथ सही अनुपात में मिलाने के लिए अत्याधुनिक सावर सिस्टम लगा रहता है।

घरों में बाथरूम बहुत ही स्वच्छ एवं वैभवपूर्ण होते हैं। तरह-तरह के साबुन, क्रीम, इत्र एवं तेल आम बात है। लकड़ी के फूल प्रायः बाथरूम में रखे जाते हैं। चंदन की लकड़ी या अन्य इत्रों की खुशबु देने वाले काष्ठ पुष्प संस्कृति इंग्लैण्ड में प्रचलित है। बाथरूम के कमोड पर भी एक प्रकार का दरीनुमा मोटा कपड़ा चढ़ा रहता है। ये कपड़ा अत्यधिक ठण्ड से ठण्डा हो जाने वाले कमोड को गर्म एवं सुखद बनाने के लिए प्रयोग किया जाता है। बाथरूम सामान्यतः सूखा रखा जाता है। पानी केवल वाश बेसिन या स्नान हेतु बने टब में ही गिराया जाता है। यह ध्यान इंग्लैण्ड के पब्लिक बाथरूम (जन सुविधाओं) में भी देखा जा सकता है। बाथरूम का प्रयोग करने वाला व्यक्ति बाथरूम को साफ हालत में ही छोड़ता है ताकि किसी अन्य व्यक्ति को गंदगी न मिले।

मकानों में मुख्य गेट के अन्दर एक डिजिटल लॉक लगा रहता है। केलकुलेटर जैसा ये डिजिटल लॉक चौखट के पास दीवार में लगा रहता है। घर से बाहर जाते समय कोड फीड कर दिया जाता है। घर से बाहर निकलकर यदि मालिक भी वापस आता है तो उसे भी तुरन्त डिकोड करना पड़ता है वरना क्षेत्रीय पुलिस थाने में घण्टी बजती रहेगी और थाने की पुलिस पहुँच जायेगी। चोर यदि घुस आए तो उसे कोड मालूम नहीं होगा, अतः डिकोड नहीं कर पायेगा। थाने में घण्टी बजती रहेगी और पुलिस आ जायेगी। चोर इसलिए किचन की ओर से अधिक आते हैं। घरों में बाहर की ओर ऐसे बल्ब लगे रहते हैं जो एक निश्चित दूरी पर आये व्यक्ति को सेंसर करके जल जाते हैं। भारत में इस प्रकार के डिजिटल तालों एवं इलैक्ट्रॉनिक बल्बों की बहुत आवश्यकता है।

प्रत्येक घर के बाहर म्यूनिस्पलिटी प्रदत्त एक प्लास्टिक/फाइबर गारबेज बकेट (बाल्टी) रखी रहती है जिसमें घर के अन्दर का गारबेज (कूड़ा कबाड़ा) भर दिया जाता

है। निर्धारित दिन को (प्रायः एक सप्ताह में एक बार या दो बार) म्यूनिस्पलिटी (नगर पालिका) द्वारा उठवा लिया जाता है। इसी गारबेज बकेट में घर की किचन तथा अन्यत्र होने वाला कूड़ा डाला जाता है। इस प्रकार घर भी कूड़ा रहित रहता है और बाहर भी। कूड़ा उठाने वाली गाड़ी में एक मशीन लगी रहती है जो कूड़ा अन्दर ही जला देती है। इस प्रकार एक गाड़ी जो कुछ ही घरों के कूड़े से भर सकती है, पूरे मोहल्ले के कूड़े को एक ही बार में उठा ले जाती है।

लंदन में सर्वप्रथम मुझे जिस चीज ने सर्वाधिक प्रभावित किया वह थी साफ सुथरी सड़कें। इस सफाई का कारण कुछ और नहीं बल्कि लोगों की सफाई के प्रति जागरुकता और इसके लिए वैज्ञानिक उपकरणों का प्रयोग। कम लागत में अधिक सफाई। सफाई कार्य कोई भी व्यक्ति कर सकता है। इसमें हाथ गन्दे नहीं होते हैं। शरीर का भी इसमें कोई काम नहीं। ट्रैक्टर जैसी बड़ी व छोटी गाड़ियों में धूल व कूड़ा सोखने वाले हूबर लगे रहते हैं। नीचे गोल-गोल ब्रश घूमते हैं। कूड़ा व धूल उड़ती है तो मशीन अन्दर खींच लेती है। बस थोड़ी ही देर में सब कुछ साफ इसके अलावा यह भी महत्वपूर्ण है कि लोग कूड़ा फैलाते भी नहीं हैं। लोग कूड़ा डालने की जगह ही कूड़ा डालते हैं। भारत को इस दिशा में इंग्लैण्ड और अन्य यूरोपीय देशों से नसीहत लेने की आवश्यकता है इससे एक तरफ गन्दे एवं स्वास्थ्य के लिए हानिकारक कार्य से व्यक्ति को मुक्ति मिल सकती है और फिर इसे कोई भी कर सकेगा। तभी हमारे शहर भी स्वच्छ रह सकेंगे।

दूसरी चीज जो प्रभावित करने वाली थी वह ये कि यदि कहीं मकान में मरम्मत हो रही हो तो उसे एक प्लास्टिक या अन्य किसी धातु की जाली से ढक देते हैं ताकि ऊपर से गिरने वाली मिट्टी या कंकड़ अथवा धूल रास्ते से गुजरने वाले किसी राहगीर पर न गिरे। ये छोटी-छोटी चीजें जिन्हें अपनाने में लाभ ही लाभ हैं परन्तु फिर भी हर जगह अपनायी नहीं जाती हैं। भारत में भी हमें ऐसा करने की प्रेरणा लेनी चााहिए।

दूसरे प्रकार के वे अपार्टमेन्ट थे जो प्रायः घनी आबादी वाले शहर के अन्दर के क्षेत्रों में दिखें इन अपार्टमेन्ट्स में कॉलबैल दबाने पर घर के अन्दर से ही मालिक घण्टी दबाने वाले की आइडेन्टिटी पूछ लेता है और वहीं से मुख्य द्वार खोलने हेतु लगी बटन दबाकर गेट खोल देता है। इससे अनाधिकार प्रवेश नहीं हो पाता। इस प्रकार के अपार्टमेन्ट लिफ्ट से युक्त होते हैं। बिजली कभी गुल नहीं होती इसलिए ये सदैव ऑपरेटिव रहती हैं।

बड़े बंगलों में बड़े-बड़े लॉन होते हैं जो प्रायः सुसज्जित होते हैं। हरियाली में कारीगरी यहाँ की विशेषता है। गुलाब की क्यारियां एवं पौधे सामान्यतः सभी जगह स्थित हैं। शहर के अन्दर कहीं-कहीं एक कमरे के सैट वाले मकान भी दिखाई दिये।

सभी मोहल्ले मार्केट, पेट्रोल पम्प व ट्यूब स्टेशन आदि से प्रायः जुड़े होते हैं।

स्कूल, खेल के मैदान, स्वीमिंग पूल आदि भी प्रायः मोहल्लों के अनिवार्य अंग हैं।

ऊँची-ऊँची इमारतें यत्र-तत्र दिखीं, लेकिन रिहायशी इलाकों में अपेक्षतः कम। सेन्ट्रल लन्दन में ऊँची-ऊँची इमारतें काफी दिखाई दीं।

मेरे मेजबान श्री के.वी.एल. सक्सेना लन्दन में पिछले 30 वर्षों से रह रहे हैं। वह ब्रिटेन की सिविल सेवा में कार्यरत थे। जल्दी में ही सेवानिवृत्त हुए हैं। लम्बी अवधि तक इंग्लैण्ड में रहने के बाद भी उन्होंने भारत का कुछ भी नहीं खोया है। अपने सारे संस्कार जस के तस बनाए हुए हैं। वह अपनी सांस्कृतिक विरासत को ब्रितानी धरती पर सिर्फ सुरक्षित रखने के लिए नहीं बल्कि पुष्पित और पल्लवित करने के लिए भी प्रयास कर रहे हैं। इंग्लैण्ड में रह रहे अधिकांश भारतीयों से वह किसी न किसी रूप में जुड़े हैं। नागरिकता भले ही ब्रिटेन की ले ली लेकिन उनका मन पूर्ण रूपेण भारतीय है। लन्दन की चित्रगुप्त सभा हिन्दू सोसाइटी इत्यादि के गठन और संचालन में उनकी महत्वपूर्ण भूमिका है। उनकी पत्नी श्रीमती उषाराजे सक्सेना एक कवियित्री एवं कथाकार हैं। उनकी कविताओं और कहानियों के संकलन प्रकाशित हो चुके हैं। वे हिन्दी प्रचार के लिए तरह-तरह से प्रयास करती हैं। वे यू.के. हिन्दी समिति की उपाध्यक्ष एवं पुरवाई मैगजीन की सह-सम्पादिका भी हैं। ब्रिटेन में तरह-तरह के हिन्दी प्रचार हेतु कार्यक्रमों को आयोजित कर अपनी संस्कृति के धूमिल होते चित्र की धूल झाड़कर फिर से उन्हें भारतीयों के घरों में टंगवा देती हैं। वे भारतीय मूल की होने में गर्व महसूस करती हैं। वे एक उच्च कोटि की कवियत्री एवं कथाकार ही नहीं बल्कि एक सुसंस्कृत ग्रहणी भी हैं। उनके उच्च कोटि के संस्कारों के कारण ही उनके बेटे ने एफ.आर.सी.एस. एवं बेटी ने सी.ए. किया है। उनकी बेटी इंग्लैण्ड की प्रतिभावान महिला है। प्रायः उसका साक्षात्कार एवं उसकी उपलब्धियों पर लेख आदि अखबारों में छपते रहते हैं।

पर्यावरण संतुलन के प्रति जागरुकता के कारण कपड़ों के कॉलर एक दिन में ही गन्दे नहीं होते। हवा की गुणवत्ता बनाये रखने के लिए वाहनों में प्रयोग किये जाने वाला ईंधन लो सल्फर डीजल, लैड फ्री पैट्रोल एवं सी.एन.जी आदि सस्ते प्रदान किये जाते हैं ताकि लोग पैसा बचाने के लिए अपने वाहनों में कैटलिक कनवर्टर लगवाकर सस्ता ईंधन डलवायें।

शहर के अन्दर धुआँ उगलने वाली चिमनियाँ नहीं दिखाई दीं। उद्योगो में प्रदूषण को नियंत्रित करने वाली तकनीकी का प्रयोग कर प्रदूषण को नहीं बढ़ने दिया गया है। वाहन जनित प्रदूषण केन्द्रीय लन्दन में कुछ हद तक अवश्य है जिसका कारण ट्रैफिक जाम आदि होता है।

सेन्ट्रल लंदन में वाहनों की पार्किंग हेतु जगह-जगह मशीनें लगी हैं जहाँ अपनी आवश्यकतानुसार समय (4 पाउण्ड प्रति घण्टा के हिसाब से) खरीदने के लिए निर्धारित धन के सिक्के डालने पड़ते हैं। यदि कोई इस खरीदे गए समय के अन्दर

ही वाहन नहीं हटा पाता है तो उसे पैनल्टी के रूप में भी अतिरिक्त धन देना पड़ता है। इतना ही नहीं 8 पाउण्ड प्रति वाहन की फीस तो सेन्ट्रल लंदन में घुसने भर की है। इस अत्यधिक महंगी पार्किंग व्यवस्था का कारण निजी वाहनों को सेन्ट्रल लंदन में लाने के लिए लोगों को हतोत्साहित करना है ताकि प्रदूषण एवं जाम जैसी स्थिति से बचा जा सके।

जल जनित प्रदूषण भी इंग्लैण्ड में नियंत्रित है। टेम्स नदी के जल की स्थिति भारत की नदियों जैसी नहीं है। भारत की नदियाँ प्रायः हिमालय से निकलकर मैदान में बहती हैं और समुद्र में गिर जाती हैं। इन नदियों में जब तक शहरों का अपशिष्ट नहीं मिलता तब तक इनका जल निर्मल होता है, लेकिन टेम्स नदी ज्वारीय नदी है इसलिए इसका जल भारत की नदियों जैसा मीठा नहीं है। इसकी शुद्धता के बारे में तो कहा जाता है कि उन्नीसवीं सदी के मध्य में सर्वाधिक बदबूदार नदी बन गई थी। इसकी बदबू से हवा पर तो फर्क पड़ा ही पानी की अशुद्धता इस हद तक हो गई थी कि शहर के औद्योगिक अपशिष्ट के कारण पानी के अन्दर जीवन की संभावना समाप्त हो गई थी। टेम्स नदी की इस दयनीय स्थिति पर इंग्लैण्ड की पार्लियामेन्ट में लम्बी-लम्बी बहसें हुई। अन्ततः टेम्स जल की शुद्धता हेतु प्रयास किये गये जिसके कारण जल की शुद्धता बढ़ी है। हाल के वर्षो में मछलियों की प्रजातियाँ भी पनपायी गई हैं।

इंग्लैण्ड की **जनसंख्या** लगभग छः करोड़ हैं, जिसमें लगभग दस लाख भारतीय मूल के लोग हैं। इनमें से अकेले लंदन में ही करीब एक करोड़ बीस लाख लोग रहते हैं। एक अनुमान के अनुसार प्रतिवर्ष ढाई करोड़ के करीब लोग लंदन में बाहर से घूमने आते हैं। इतनी भीड़-भाड़ वाले शहर की शान्ति देखकर कौन आश्चर्य चकित नहीं होगा। विनम्रता तो इनती कि लखनऊ की याद आ जाये, लेकिन 'पहले आप, पहले आप' वाली संस्कृति नही है। हाँ, आपको किसी अन्य के कारण कोई असुविधा नहीं होगी। ट्यूब कही जाने वाली भूमिगत रेल में या अन्य रेलों अथवा बसों में शिष्टाचारपूर्ण वातावरण दिखाई देता है। प्रायः लोग रेल में सीट पाने पर तुरन्त ही अखबार या किताब खोलकर पढ़ने लगते हैं, लेकिन इस शान्ति का मतलब यह नहीं कि उनमें रंगभेद अथवा नस्ल श्रेष्ठता का भाव नहीं है। कहीं-कहीं यह भाव स्पष्ट दिख जाता है।

इंग्लैण्ड यद्यपि धर्मनिरपेक्षता में विश्वास करने वाला देश है लेकिन इसका सामान्य धर्म ईसाई धर्म है। **ईसाई धर्म** ईसा मसीह के सिद्धान्तों पर आधारित है। प्रथम सदी में जब इजराइल रोमन लोगों द्वारा इस्राइलियों की इच्छा के विरुद्ध शासित था तब लगभग 30 ईसवीं के आस-पास एक बढ़ई (कारपेन्टर) जो जीजस कहा गया, धार्मिक प्रवचन कर रहा था। उसके प्रवचन प्रभावशाली थे। उसके अनुयाइयों की बढ़ती संख्या देखकर यहूदी धर्म गुरूओं को ईर्ष्या हुई और रोमन राज्यपाल ने उसे

राजनीतिक देशद्रोह मानकर उस पर मुकदमा चलाया और दोषी करार देकर 33वीं ईसवी में सूली (क्रूसीफाई) पर चढ़ा दिया। जीजस के समर्थकों ने उन्हें मसीहा अर्थात् चुना हुआ जिसे ग्रीक में क्राइस्ट कहते हैं, इसी से इस धर्म का नाम क्रिश्चयन पड़ा।

धार्मिक दृष्टि से इंग्लैण्ड के अधिकांश लोग ईसाई धर्म में विश्वास रखते हैं। इंग्लैण्ड में क्रिश्चयन चर्च 'चर्च ऑफ इंग्लैण्ड' के नाम से जानी जाती है। चर्च ऑफ इंग्लैण्ड देश की स्थापित चर्च है जिसका आर्क बिशप एवं बिशप प्रधानमंत्री की सलाह से राजा/रानी द्वारा नियुक्त किया जाता है। एक लम्बी बहस के बाद 1994 में प्रथम महिला पादरी नियुक्त हुई।

धर्म सुधार आन्दोलन का प्रभाव पूरे ईसाई जगत पर पड़ा था, परन्तु इंग्लैण्ड में इसका प्रभाव हेनरी अष्टम के कार्यकाल में 1520 ई. के करीब प्रारम्भ होकर 1570 ई. तक चला। धर्म सुधार आन्दोलन यूरोप में 16वीं शताब्दी में प्रतिष्ठित कैथोलिक धर्म के विरुद्ध था। इस आन्दोलन के प्रणेता मार्टिन लूथर हेनरी अष्टम के समकालीन थे।

इंग्लैण्ड कैथोलिक धर्म का अनुयायी था और पोप धार्मिक क्षेत्र में सर्वोच्च था। राजा हेनरी अष्टम राजनीतिक मुखिया था परन्तु धार्मिक क्षेत्र में भी मुखिया होने की इच्छा रखता था। ऑक्सफोर्ड और कैम्ब्रिज के बुद्धिजीवी मार्टिन लूथर से प्रभावित थे। वे चर्च के अन्दर व्याप्त भ्रष्टाचार को समाप्त करना चाहते थे। कोलरिज और थॉमस मोर (समाज सुधारक) ने चर्च के दूषित वातावरण के विरुद्ध आवाज उठा दी। राष्ट्रीयता की भावना ने हवा दे दी।

हेनरी अष्टम स्वयं निःसंतान था। उत्तराधिकार के लिए संतान चाहता था। उसकी रानी कैथरीन पवित्र रोमन सम्राट और स्पेन के शासक चार्ल्स पंचम की मौसी थी। हेनरी कैथरीन से तलाक चाहता था ताकि वह अपनी प्रेयसी एन. बोलेन से विवाह रचा सके। तलाक की स्वीकृति पोप द्वारा चाहिए थी। पोप पवित्र रोमन सम्राट को असंतुष्ट नहीं कर सकता था। अतः पोप ने अपने निर्णय में देरी की। हेनरी क्रुद्ध हो गया। इस प्रकार इंग्लैण्ड में कैथोलिक चर्च के विरुद्ध वातावरण तैयार हो गया था। हेनरी अष्टम ने स्वयं को ही चर्च का प्रधान घोषित किया और केन्टरवरी का आर्कविशप अपने समर्थक क्रेन्मर को नियुक्त कर दिया। क्रेन्मर की अनुमति से उसने कैथरीन को तलाक देकर एन. बोलेन से विवाह कर लिया।

हेनरी अष्टम के बाद 1547 ई. में जब एडवर्ड षष्ठ राजा बना तो उसने प्रोटेस्टेन्ट धर्म का प्रचार भी किया। 1558 में रानी एलिजाबेथ के शासन काल में एक एक्ट द्वारा इंग्लैण्ड के चर्च को **'आंग्ल चर्च'** की संज्ञा देकर यूरोप के धार्मिक विवाद से अलग कर लिया। यद्यपि कैथोलिक एवं प्रोटेस्टेन्ट विवाद इसके बावजूद भी समाप्त नहीं हुआ लेकिन औद्योगिक क्रान्ति में संलिप्त इंग्लैण्ड में धार्मिक विवादों के लिए कोई जगह नहीं थी। इंग्लैण्ड का राजा चर्च का भी प्रधान माना जाता है।

अतः धार्मिक एवं राजनीतिक सत्ता का विवाद भी समाप्त हो गया जिससे राजा औद्योगिक क्रान्ति एवं साम्राज्य वृद्धि में ध्यान दे सका।

इंग्लैण्ड में ईसाई धर्म के अतिरिक्त अन्य धर्मों के अनुयायी भी में काफी बड़ी मात्रा में रहते हैं। ये अधिकांश वे लोग है जो इंग्लैण्ड के उपनिवेशों से यहाँ या तो लाये गये थे या बाद में अपने आप आ गये हैं। एक अनुमान के मुताबिक दो लाख के करीब भारतीय तो अकेले लंदन में ही रहते हैं।

व्यक्ति स्वातंत्र्य के इस देश में विभिन्न प्रकार के सम्प्रदायों के सह-अस्तित्व के कारण इंग्लैण्ड विभिन्न विश्वासों की धरती है। विश्वास किसी व्यक्ति अथवा सम्प्रदाय का निजी पहलू है। अन्य किसी को इसमें हस्तक्षेप का कोई अधिकार नहीं है। उनकी अपनी मान्यताएँ उन्हें अपने-अपने तरीके के जीने की आजादी देती हैं। विभिन्न सम्प्रदायों के विश्वास यूरोप में लम्बे समय तक (तीस वर्षीय युद्ध आदि) लड़ाई लड़कर अथाह सम्पत्ति और अनगिनत जानें स्वाह कर चुके थे, इसलिए इंग्लैण्ड अपनी धरती पर ऐसी गलतियाँ दोहराना नहीं चाहता था।

इंग्लैण्ड विज्ञान और तकनीकि को आगे बढ़ाकर दुनिया में नम्बर एक रहने के लिए सभी सम्प्रदायों को जोड़कर चलता है। इस उपलब्धि के लिए धार्मिक स्वतंत्रता और धर्म की राजनीति से पृथकता को आवश्यक मानते हुए उसने धर्म निरपेक्षता (सेकुलरिज्म) के सिद्धान्त को बखूबी अपनाया है। विशेषज्ञता और व्यावसायिकता को ही अपना धर्म मानकर उसकी ऊँचाईयों को छूने का प्रयास किया है। इंग्लैण्ड के सभी शहरों में विभिन्न सम्प्रदायों के लोग अपने-अपने पूजा स्थलों और विश्वासों के साथ रहते हैं।

लंदन में भारतीय मूल के लगभग दो लाख लोग रहते हैं। उन्होंने लंदन के विभिन्न क्षेत्रों में अपने पूजा स्थल बनाये हैं, जिनमें वे समय-समय पर एकत्रित होकर अपनी पूजा-अर्चना तथा सामूहिक भोज आदि का आयोजन करते हैं। धार्मिक कार्यक्रमों के अतिरिक्त सामाजिक कार्यक्रम यथा शादी सांस्कृतिक कार्यक्रम आदि का भी आयोजन इन मन्दिरों में किया जाता है। इन मन्दिरों में भारत की अपेक्षा अधिक स्वच्छता एवं अनुशासन दिखाई देता है। इतना ही नहीं अपनी संस्कृति को विस्तार देने तथा सुग्राह्य बनाने के भी प्रयास किये गये हैं।

लंदन के नीस्डन क्षेत्र में बना स्वामी नारायण मन्दिर ताजमहल जैसी भव्यता लिये हुए है। लगभग एक एकड़ भूमि पर क्रीम जैसे सफेद बुल्गारियन लाइम स्टोन से बनी बाहरी दीवारों वाला विशाल मन्दिर भारतीय विश्वासों की उदारता और विशालता का बखान करता है। इसकी अन्दर की दीवारों पर इटालियन और भारतीय संगमरमर (मार्बल) ताजमहल जैसा रूप प्रदान करता है। मन्दिर की स्थापत्य कला भारतीय एवं पाश्चात्य स्थापत्य का मिलाजुला रूप है। मन्दिर निर्माण की योजना अपने उद्देश्यों की पूर्ति में सक्षम है। इसमें प्रार्थना गृह, सभागृह, कार्यालय, आवास

रसोई आदि के अतिरिक्त बेसमेन्ट में एक स्थायी प्रदर्शनी की भी व्यवस्था है। इस प्रदर्शनी में धार्मिक विश्वास को प्रदर्शित करने के लिए विभिन्न तकनीकों का सहयोग लिया गया है। चित्रकला, लेख, सूक्त आदि के सहारे अपने धार्मिक विश्वासों को सूक्ष्म एवं वैज्ञानिक तरीके से प्रदर्शित किया गया है।

सांस्कृतिक माध्यमों को लोकप्रिय बनाने का प्रयास किया गया है। इसके सांस्कृतिक केन्द्र में कलाकार अपनी बौद्धिक क्षमता द्वारा संगीत एवं डांस तथा मूर्तिकला आदि का प्रदर्शन कर नई पीढ़ी को अपनी सांस्कृतिक परम्पराओं आदि से परिचित कराते हैं। मन्दिर में विभिन्न उत्सवों, त्यौहारों एवं शोक आदि को मनाने के माध्यम से भी लोगों को अपनी परम्पराओं से जोड़ने का प्रयास किया गया है।

लंदन के साउथ हॉल क्षेत्र में विशाल गुरुद्वारा और उसमें चलने वाले भजन-कीर्तन की ध्वनि तथा लंगर आदि की स्वस्थ परम्पराओं को जीवित रखने का प्रयास किया गया है। गुरुद्वारा भी अपने अनुयाइयों के सुख-दुःख में उन्हें संयत बनाने के प्रयास में संलग्न है। बाहरी चमक-दमक की दुनिया में कितना भी आकर्षण हो, अन्दर की सुख-शान्ति तो अपनी ही संस्कृति और परम्पराओं में है। गुरुद्वारा वह पवित्र संस्था है जिसने अपने परिवेश से पाखण्ड, अभिमान और मानवकृत ऊँच-नीच के भेदभाव को भुलाकर एकता का बंधन बाँधा है। एकता शक्ति है और शक्ति किसी भी परेशानी से लड़ने के लिए आवश्यक है। ठण्डे और सात समुन्दर पार इंग्लैण्ड की धरती पर आज सिख सम्प्रदाय अपनी कर्मठता और एकता के कारण प्रतिष्ठित स्थान पर अवस्थित है। साउथ हॉल में पहुँचकर लगता है जैसे अमृतसर में घूम रहे हों। मक्का दी रोटी, सरसों दा साग, चुन्नी सलवार सब कुछ वहाँ दिखाई देता है। 1981 के दंगे (ब्रिक्सटन राइट्स) के बाद तो भारतीयों की सांस्कृतिक एकता और भी आवश्यक हो गयी थी। सरकार एवं समाज के सामने अपनी आवाज उठाने के लिए और तड़क-भड़क में खो रही अपनी संस्कृति को बचाने के लिए ये प्रयास बहुत उपयोगी साबित होंगे।

धार्मिक पाखण्ड के खिलाफ जर्मनी में जब मार्टिन लूथर ने आवाज उठायी थी तब कोई नहीं जानता था कि एक दिन प्रोटेस्ट धर्म बन जायेगा और कुछ सुधार जोड़कर इंग्लैण्ड उसे अपनाकर एंग्लिकन चर्च बना लेगा। धार्मिक कट्टरता और पाखण्ड के स्थान पर मानववाद, उदारवाद, व्यक्तित्ववाद एवं बौद्धिकतावाद की प्रतिष्ठा कर इंग्लैण्ड एक दिन वैज्ञानिकों को नई-नई खोज का अवसर प्रदान करेगा और फिर एक दिन उद्योग में मशीनों के माध्यम से हजारों गुना उत्पादन परम्परागत कीमत से काफी कम कीमत पर करके पूरी दुनिया को अपना बाजार बना लेगा। इसी बाजार की खोज के लिए उसे बहुत सारे युद्ध करने पड़े और इसी बहाने वह बहुत सारे उपनिवेशों का मालिक बन बैठा। इस औपनिवेशिक और धार्मिक विस्तार में धार्मिक मिशनरियों की बहुत महत्वर्पूण भूमिका रही। इन्ही मिशनरियों के माध्यम

से वह अपने धर्म एवं विश्वास 'श्वेत जन भार'(व्हाइट मैन्स बर्डन) सिद्धान्त को जन-जन तक पहुँचा सका।

'श्वेत जन भार' अंग्रेजों की मान्यता है कि श्वेत कालों की अपेक्षा अधिक सुसंस्कृत, शिक्षित और योग्य होते हैं। ईश्वर ने श्वेत लोगों को कालों के ऊपर राज करने के लिए भेजा है। श्वेतों की सेवा करने से कालों का भी उद्धार हो सकता है अर्थात् अपनी मौजूदगी को न्यायोचित बताने का प्रयास, ताकि लोगों में यह विश्वास घर कर जाये कि श्वेतों को ईश्वर ने ही भेजा है। उनकी सेवा ही कालों की भक्ति है। भारत में अपने राज्य को निर्विवाद चलाने के लिए इस सिद्धान्त से भूमि तैयार की जा रही थी। भारत में शूद्रों से सेवा कराने के लिए ब्राह्मणों ने भी ऐसे ही सिद्धान्त को प्रतिपादित किया था। धर्मभीरू इंसान अल्प ज्ञानियों को अपना गुरू मानकर सेवा कर रहा था।

ह्यूरोज ने तो भारतीयों को अबोध और अविकसित मानव की स्थिति में मानते हुए इंग्लैण्ड की महारानी को लिखा था कि यहाँ के लोग जानवरों के उत्सर्जन (विस्टा/गोबर) से घर लीपने और खाना बनाने, पूजा आदि के लिए देवताओं की मूर्तियों को स्थापित करने के लिए भी प्रयोग करते हैं। यह सब लिखकर वह यह बताना चाह रहा था कि भारतीय लोग अभी उस अवस्था से भी ऊपर नहीं उठ पाये हैं जिसमें उन्हें विस्टा की अपवित्रता एवं अस्वास्थ्यकर होने का भी ज्ञान नहीं है। ऐसे में उन्हें सभ्य बनाये जाने की आवश्यकता है। अतः अंग्रेजों द्वारा सभ्य बनाने के लिए 'व्हाइट मैन्स बर्डन' अर्थात् 'श्वेत जन भार' का सिद्धान्त प्रतिपादित किया गया।

जातिगत आधार पर बंटे समाज में सदियों से उपेक्षित और मानवीय प्रतिष्ठा से नीचे की जिन्दगी जीने वालों को आसानी से एक देववाद यानी ईसाई धर्म में परिवर्तित किया जा सकता है। इसी दृष्टि से जहाँ-जहाँ जातीय आधार पर शोषण और गरीबी थी वहाँ-वहाँ ईसाई मिशनरियों ने अपने चर्च स्थापित कर लिये। वे भी 'व्हाइट मैन्स बर्डन' का सिद्धान्त प्रचलित कर रहे थे। सीधे-सादे भारतीय स्वतंत्रता संग्राम तक जाने अनजाने अंग्रेजों को देवदूत की तरह पूजते भी रहे।

समय की सिलवटें

इंग्लैण्ड की धरती पर पहुँचे हुए अभी ठीक से 24 घण्टे भी नहीं बीते थे कि सारा संसार शोक की बाढ़ में डूब गया। राजकुमारी डायना (राजकुमार चार्ल्स की पत्नी) एक सड़क दुर्घटना में काल कवलित हो गयीं थीं। राजकुमारी डायना अपनी उदारता, सुन्दरता, सादगी, खुले विचारों और कुछ विवादों के कारण इंग्लैण्ड की जनता के दिलो-दिमाग पर दो दशकों तक छायी रहीं। 29/30 अगस्त 1997 की रात जब अचानक बी.बी.सी. ने डायना हादसे की सूचना दी तो सुनने वालों को अचानक धक्का लगा और फिर तीन दिन तक इंग्लैण्ड की धरती आँसू बहाती रही। डायना के प्रति लोगों का प्रेम तो तब पता चला जब बकिंघम पैलेस के बाहर गुलदस्तों और शोक संदेशों के ढेर लग गये।

करोड़ो की संख्या में लोगों ने राजमहल के बाहर अपने श्रृद्धा-सुमन अर्पित किये। शहर भर में रास्ते जाम रहे। अपनी चहेती राजकुमारी के अन्तिम दर्शन के लिए उमड़ा जन सैलाब अभूतपूर्व था। यूरोप भर में फूलों की कमी हो गयीं बाजार में फूलों की माँग को देखते हए फूल आयात किये गये। बच्चों ने नन्हे-नन्हें हाथों से पेन्टिंग्स, कैरीकेचर एवं संदेश अपनी राजकुमारी के सम्मान में अर्पित किये थे। कुछ बच्चों ने तो अपने खिलौने ही अपने नाम, पते एवं संदेश के साथ अर्पित किये थे।

पते देखकर ज्ञात हो रहा था कि संदेश और श्रृद्धा-सुमन मात्र इंग्लैण्ड वासियों के ही नहीं थे बल्कि विश्व भर से आये करोड़ों लोगों के थे। तीसरे दिन जब राजकुमारी डायना का अन्तिम संस्कार होना था, शरद रात में अपना स्लीपिंग बैग लिये लोग सड़क के किनारे ठहर गये थे। उनके शौचालय आदि के लिए ब्रिटिश प्रशासन ने लाखों की संख्या में चल शौचालयों की व्यवस्था की थी। इन शौचालयों को शहर की सीवर लाईन और वाटर लाईन से जोड़ दिया गया था। अच्छी खासी सर्दी में ये लोग सड़कों के किनारे रात भर अपनी प्रिय राजकुमारी के अन्तिम दर्शन के लिए पड़े रहे।

ये दृश्य इंग्लैण्ड के राजपरिवार की लोकप्रियता और कोई भी स्टाम्पीड आदि न घटने के कारण प्रशासनिक दक्षता की कहानी बयान करता है। वैभव, मशीनीकरण एवं व्यस्तता में जो इंग्लैण्ड रोना भूल गया था उसे डायना ने

भावुक बना दिया था। अपना काम-काज छोड़कर लोग अपनी भावनाओं के इजहार में संलग्न थे। भले ही डायना की मौत के पीछे राजकुमार चार्ल्स से उसका मनमुटाव और हैरडस (एक विशाल डिपार्टमेन्टल स्टोर, जिसकी शाखाएँ इंग्लैण्ड और अरब देश में हैं।) के मालिक युवक डोडी से उनके प्रेम-प्रसंग और शादी आदि के चर्चे रहे हों, लेकिन डायना की मौत ने इंग्लैण्ड की संवेदनाओं के तार हिला दिये। टी.वी. चैनलों ने बकिंघम पैलेस के ऊपर अपना फोकस किया था; इतिहास चित्रों के साथ-साथ बताया जा रहा था। डायना की असमय मौत ब्रिटिश इतिहास का हिस्सा बन रही थी और बकिंघम पैलेस की मेरी विजिट इतिहास की गवाह।

टी.वी. चैनलों द्वारा इतिहास के झरोंखों से राजकुमारी डायना की अप्रितम सुन्दरता, कैमिला पार्कर से राजकुमार चार्ल्स की दोस्ती, डायना से सगाई, डायना का कौमार्य परीक्षण, राजकुमार के साथ शादी का विशाल आयोजन, डायना से राजकुमारी डायना बनना, राजकुमार से अनबन, धूप-स्नान के चित्र, डोडी से दोस्ती और फिर दुर्घटना इत्यादि के चित्रण किये जा रहे थे और हम इस बहाने इंग्लैण्ड को और करीब से देख रहे थे।

लगातार गतिमान कालचक्र के परिपथ में आने वाले विभिन्न दृश्यों में से कुछ दृश्य उसके फलक पर बदलाव के निशान अंकित कर जाते हैं। बदलाव के इन दृश्यों का लेखा-जोखा इतिहास बनता रहता है। दृश्य अपने पीछे एक महत्वपूर्ण कहानी छिपाये रहते हैं। लम्बे समय तक वे याद किये जाते हैं। कालचक्र के परिपथ पर इंग्लैण्ड के वर्तमान का दृश्य एक लम्बी कहानी छिपाए है अर्थात् वर्तमान को समझने के लिए भूतकाल को समझना आवश्यक है।

इंग्लैण्ड में **उदारवाद** या व्यक्ति स्वातंत्र्य अथवा सीमित राजतंत्र या संसदीय जनतंत्र आदि को वर्तमान रूप में हासिल करने के पीछे एक लम्बी जद्दोहद की दास्तान है। बिना इस दास्तान को समझे मानव सभ्यता के लिए ब्रिटेन की देन को समझना कठिन है। इसलिए में ब्रिटिश **इतिहास की अत्यावश्यक झलकियाँ** प्रस्तुत कर रहा हूँ।

पुरातात्विक साक्ष्यों के आधार पर माना जाता है कि कभी कैल्ट्स कहे जाने वाले मध्य यूरोप के लोग (500 ई.पू. के करीब) टेम्स नदी के किनारे ब्रिटिश द्वीपों में बसे इन लोगों ने वर्तमान लंदन को बसाया था। रोमन लोगों के आने तक इंग्लैण्ड कोई विशेष प्रगति नहीं कर पाया। 45 ई.पू. में रोमन सम्राट **जूलियस सीजर** द्वारा सेना का संगठन कर गौल (फ्रांस) को रोमन प्रान्त के रूप में परिवर्तित कर लेने के पश्चात् 55 ई.पू. के आस-पास ब्रिटिश द्वीपों पर भी उसका प्रायः आगमन होने लगा। 43 ई.पू. में बने रोमन सम्राट क्लोडियस ने इंग्लैण्ड पर आक्रमण कर इंग्लैण्ड के पुष्प नगर कोलचेस्टर पर कब्जा कर लिया और धीरे-धीरे पूरे ब्रिटेन और दक्षिणी

स्कॉटलैण्ड को नियंत्रित कर क्षेत्रों को रोमन बनाने के लिए धनी लोगों को रोमन स्टाइल के भवन बनाने, लैटिन सीखने और रोमन कानून सीखने हेतु प्रेरित किया गया और 'लुण्डीनियम पोर्ट' का निर्माण किया गया। इसी लुण्डीनियम पोर्ट के आस-पास बसी बस्ती आधुनिक लंदन के रूप में विकसित हुई।

कालान्तर में ईसाई धर्म में परिवर्तित लंदन ने रोम से आये विशप को स्वीकार किया और वर्तमान सेंटपाल कैथीड्रल के स्थान पर 604 में एक चर्च बनाया।

सैक्सन (Saxon) शासकों के नेतृत्व में लंदन एक समृद्ध शहर के रूप में विकसित हुआ, परन्तु डेनमार्क के आक्रमण के कारण कमजोर हो गया। सैक्सन नेतृत्व 1016 में लंदन को डेनिस नेता 'क्नुत' (Cnut) से बचा न सका और आखिरकार 'क्नुत' इंग्लैण्ड का राजा बना; लेकिन उसके पुत्र हैराल्ड की 1042 में मृत्यु के उपरान्त इंग्लैण्ड फिर से क्सज एडवर्ड दिकनफैसर के पास चला गया। एडवर्ड ने एक आबे (Abbey) अर्थात् मठ तथा 'वेस्टमिनिस्टर' महल का निर्माण करवाया।

1066 में वाइकिंग्स, जो नोर्मन्स के नाम से भी जाने जाते थे और फ्रांस के उत्तरी-पश्चिमी भाग पर काबिज थे, ने इंग्लैण्ड पर आक्रमण कर दक्षिणी इंग्लैण्ड तथा लंदन पर अधिकार जमा लिया। 1154 में अन्तिम नोर्मन्स राजा स्टीफन की मृत्यु के बाद इंग्लैण्ड की राजगद्दी हेनरी द्वितीय के पास चली गयीं

1215 में राजा जॉन के कार्यकाल में राजतंत्र और बैरन (ब्रिटिश अभिजात्य वर्ग का निम्न स्तर पर अवस्थित वर्ग) के बीच मतभेद पैदा हो गये। बैरन देश की राजसत्ता में अधिकाधिक हिस्सेदारी चाहते थे। फ्रांस में राजा जॉन की कई जगह हार तथा चर्च से संघर्ष के कारण राजा की कमजोर स्थिति का फायदा उठाकार वैरन वर्ग ने राजा के समक्ष स्वतंत्रता का अधिकार पत्र **'मेग्नाकार्टा'** अर्थात् अपनी मांगों का महाधिकार पत्र (The Great Charter) प्रस्तुत किया गया। 63 धाराओं वाले इस महाधिकार पत्र द्वारा राजा पर कुछ अंकुश लगाने का प्रयास किया गया। इसमें यह स्वीकार किया गया कि महान सभा (Great Council) की अनुमति के बिना कोई कर नहीं लगाया जायेगा, कोई स्वतंत्र व्यक्ति बन्दी नहीं बनाया ज़ायेगा इत्यादि। कहा जाता है कि इसी मेग्नाकार्टा द्वारा जनतंत्रीय व्यवस्था की स्थापना हुई।

1272 में एडवर्ड प्रथम इंग्लैण्ड की राजगद्दी पर बैठा। उसके कार्यकाल में महासभा (संसद) दो भागों में विभाजित हो गई। एक सामन्तों और धर्माधिकारियों का सदन जो **हाउस ऑफ लॉर्ड्स** नाम से जाना गया। काउन्टी और नगर प्रतिनिधियों के सदन को **हाउस ऑफ कॉमन्स** कहा गया।

राजसत्ता के लिए योर्क एवं लंकास्टर घरानों के बीच चले गुलाबों का युद्ध (वार ऑफ रोजेज) में विजयी हेनरी सप्तम के इंग्लैण्ड की राजगद्दी पर बैठने से **ट्रयूडर वंश** की स्थापना हुई। हेनरी सप्तम के कार्यकाल में जहाजरानी उद्योग को प्रोत्साहन

मिला तथा व्यापार और वाणिज्य की वृद्धि के लिए हेनरी सप्तम ने अनेक देशों से व्यापारिक संधियां कीं।

हेनरी सप्तम के बाद उसका पुत्र हेनरी अष्टम ने यूरोप में शक्ति संतुलन (बैलेंस ऑफ पावर) तथा पोप की सत्ता को कम करने और चर्च की टैक्स फ्री सम्पत्ति को राज्य सम्पत्ति बनाने तथा लंदन की 50 चर्चों में अस्पताल, गोदाम, स्कूल आदि खोलने का कार्य किया गया। 1532 में हेनरी अष्टम ने पोप के साथ सम्बन्ध विच्छेद कर चर्च जिसे आंग्ल चर्च (चर्च ऑफ इंग्लैण्ड अथवा आंग्लिकन चर्च) की स्थापना की। इस प्रकार वह चर्च एवं राज्य दोनों का प्रधान हो गया। व्यापार, वाणिज्य एवं उद्योग-धन्धों की प्रगति के साथ-साथ जनसंख्या में भी वृद्धि हुई।

हेनरी अष्टम की पुत्री **एलिजाबेथ प्रथम** के 45 वर्षों के लम्बे शासन में इंग्लैण्ड ने व्यापारिक प्रगति की तथा 1598 में **स्पेनिस आर्मेडा** को हराकर इंग्लैण्ड एक शक्तिशाली राज्य बन गया। अब अपने देश में निर्मित माल को खपाने और सस्ते कच्चे माल के लिए औपनिवेशिक विस्तार की ओर भी ध्यान दिया गया। सन् 1600 में **ईस्ट इण्डिया कम्पनी** की स्थापना की गई। ये काल साहित्य, कला और संस्कृति के लिए इंग्लैण्ड का स्वर्ण युग था। शेक्सपियर जैसे साहित्यकार इसी काल की देन है।

उत्तराधिकारी के बिना एलिजाबेथ प्रथम की मृत्यु (1603) के बाद उसके चचेरे भाई जेम्स प्रथम, जो स्कॉटलैण्ड का राजा था, ने इंग्लैण्ड की राजगद्दी पर बैठकर **स्टुअर्ट राजवंश** की नींव डाली। जेम्स प्रथम और चार्ल्स प्रथम का यह विश्वास था कि उन्हें ईश्वर ने राजा बनाया है, इसलिए वे जनता अथवा संसद (पार्लियामेन्ट) के प्रति उत्तरदायी नहीं हैं। चार्ल्स का यह व्यवहार संसद एवं राजा के बीच कटु सम्बन्धों के लिए जिम्मेदार था। उसने काफी समय तक बिना संसद की राय के राज किया और लेकिन उसे 1640 में स्कॉटलैण्ड में उठे एक विद्रोह को दबाने के लिए संसद बुलानी पड़ीं 1642 में जब उसने 5 सांसदो को गिरफ्तार करने का प्रयास किया तो गृह युद्ध छिड़ गया। सांसद **ओलिवर क्रामबैल** ने एक व्यावसायिक सेना का गठन कर शाही सेना को कुचल दिया। राजा को कैद कर लिया गया। एक उच्च न्यायालय गठित किया गया जिसने राजा को मृत्युदण्ड की सजा सुनाई। 1649 में जनता के सामने उसका सिर काट दिया गया।

चार्ल्स प्रथम का उत्तराधिकारी फ्रांस भाग गया और क्रामबैल की मृत्यु के उपरान्त 1660 में इंग्लैण्ड में चार्ल्स द्वितीय के नाम से इस राजवंश का शासनकाल 1714 तक चलाया। इस काल की मुख्य विशेषता शासक और संसद के बीच संघर्ष और अन्ततः 1688 की **'गौरवमयी क्रान्ति'** तथा राजतंत्र का अन्त और संसदीय शासन प्रणाली की स्थापना तथा उसके असफल होने पर पुनः 1660 में राजतंत्र की वापसी आदि है।

1714 से 1760 तक इंग्लैण्ड की गद्दी पर **हनोवर राजवंश** का राज्य रहा। इस काल में मंत्रिमण्डलीय (कैबिनेट) व्यवस्था का विकास और रॉबर्ट बालपोल का प्रधानमंत्रित्व (10, डाउनिंग स्ट्रीट के प्रथम निवासी) तथा अमेरिका की स्वाधीनता एवं कला, संगीत, स्थापत्य कला एवं साहित्यिक प्रगति आदि मुख्य विशेषताएँ रहीं।

1837 में महारानी विक्टोरिया इंग्लैण्ड की राजगद्दी पर आसीन हुईं और 1897 तक के लम्बे समय तक उन्होंने शासन किया। महारानी **विक्टोरिया काल** इंग्लैण्ड का स्वर्णिम युग है। इस काल में इंग्लैण्ड का साम्राज्य इतिहास का सबसे बड़ा और सर्वाधिक धनवान साम्राज्य बना। उद्योग, व्यापार आदि के क्षेत्र में इंग्लैण्ड ने इस काल में अप्रत्याशित प्रगति की। तेजी से बढ़ रही व्यापारिक आवश्यकताओं के लिए नये बन्दरगाह बनें। लंदन का घण्टाघर जो **बिग वेन** (1859) के नाम से जाना जाता है, इसी काल में बना था। इसके अतिरिक्त **टॉवर ब्रिज** (1894) तथा अल्बर्ट हॉल (1871) भी इसी काल में बने थे। विज्ञान, कला और साहित्य में भी महत्वपूर्ण प्रगति हुई। शेक्सपियर के बाद सबसे बड़े साहित्यकार चार्ल्स डिकिन्स इसी काल में हुए थे। महान समाज शास्त्री चार्ल्स डार्विन की पुस्तक 'प्रजातियों की उत्पत्ति' (ऑन द ओरिजिन्स ऑफ स्पेसिज- 1859) इसी काल में प्रकाशित हुई। यह संसार में इंग्लैण्ड की उत्कृष्टता का काल था।

1902 में महारानी विक्टोरिया का पुत्र एडवर्ड सप्तम के नाम से इंग्लैण्ड का राजा बना। बहुत तेजी से बदलाव के इस काल में मोटर बस (1904) बड़े एवं भव्य होटल (रित्ज 1906) डिपार्टमेन्ट स्टोर्स (सल्फ्रिजिज 1909) अस्तित्व में आये। 30 वर्ष की आयु पर महिला महाधिकार तथा प्रथम विश्व युद्ध, महान आर्थिक मन्दी, बेरोजगारी आदि इसी काल की महत्वपूर्ण घटनाएँ थीं।

जब 1936 में राजा **एडवर्ड अष्टम** ने दो बार की परित्यक्ता से शादी करने के लिए राजगद्दी छोड़ी तो जॉर्ज षष्टम सत्तासीन हुए। जॉर्ज षष्ठम के काल में घटी द्वितीय विश्व युद्ध की घटना ने इंग्लैण्ड की दीवारों और दिलों पर अपने अमिट निशान छोड़े। 32000 तो केवल लंदनवासी मारे गये तथा 50000 बुरी तरह घायल हो गये। द्वितीय विश्व युद्ध के उपरान्त 1946 में हीथ्रो हवाई अड्डे से पहली नागरिक उड़ान शुरू हुई। सन् 1951 में ब्रिटिश लोगों का उत्साह बढ़ाने हेतु ब्रिटिश उत्सव और 1953 में महारानी एलिजाबेथ द्वितीय (वर्तमान राजमाता) का राज्यारोहण हुआ। 1979 में कंजरवेटिव (टोरी) दल की नेता मार्ग्रेट थेचर पहली महिला प्रधानमंत्री बनीं। 1997 में लेबर पार्टी की सरकार पुनः बनी लेकिन इसकी समाजवादी धार काफी धीमी हो चुकी थी। टोनी ब्लेयर के प्रधानमंत्रित्व में बाजार व्यवस्था, निजीकरण एवं यूरोप के साथ एकीकरण पर बल दिया गया।

इंग्लैण्ड के इतिहास के फलक पर समय की सिलवटों ने जिस व्यवस्था का निर्माण किया है वह अपने आप में अनूठी है। अलिखित संविधान, नियंत्रित राजतंत्र,

हाउस ऑफ कॉमन्स (चुने हुए 659 सदस्यों की राष्ट्रीय सभा) हाउस ऑफ लॉर्ड्स जिसमें आध्यात्मिक एवं सांसारिक (1100 वंशानुगत विशप) तथा 9 लॉर्ड्स ऑफ अपील (लॉ लॉर्ड्स), हाउस ऑफ लॉर्ड्स जिसमें कोई भी जनता द्वारा सीधे चुना नहीं होता, आदि व्यवस्थाएँ हैं जो इंग्लैण्ड की नूतन और पुरातन परम्पराओं का समन्वय प्रस्तुत करती है।

सुदृढ़ परिवहन व्यवस्था के साक्ष्य

परिवहन व्यवस्था किसी भी देश की अर्थव्यवस्था एवं विकास की रीढ़ की हड्डी होती है। जिन क्षेत्र में सड़कें हैं अथवा परिवहन व्यवस्था नहीं है, वही क्षेत्र पिछड़ा हुआ है। अर्थशास्त्रियों की मान्यता है कि सड़कें बना दीजिए विकास अपने आप हो जायेगा। इंग्लैण्ड ने परिवहन की महत्ता को समझा ही नहीं बल्कि साबित भी किया है। विकास के शिखर पर पहुँचने में इंग्लैण्ड की परिवहन व्यवस्था की विशेष भूमिका है। इंग्लैण्ड ने थल, नभ, जल के अतिरिक्त भूमिगत परिवहन व्यवस्था का भी विकास किया है।

इंग्लैण्ड में सड़कों की भौतिक दशा बहुत प्रशंसनीय है। इन मार्गों पर चलने वाले वाहनों की गति अधिक होने के बाद भी विशेष परिस्थितियों को छोड़कर कही कोई झटका नहीं लगता। इससे एक तरफ मार्गों की गुणवत्ता और वाहनों के सस्पेंशन सिस्टम की उन्नत दशा का पता चलता है। मार्गों पर इण्टर सैक्शन क्रॉसिंग सामान्यतः उपरिगामी मार्गों के माध्यम से होती है। कहीं-कहीं इण्टर सैक्शन क्रॉसिंग भी होती है। इण्टर सैक्शन क्रॉसिंग पर ट्रैफिक लाइट लगी रहती हैं। ट्रैफिक लाइट के हरा होने पर ही वाहनें निर्धारित स्थान से आगे बढ़ती हैं। अपवादों को छोड़कर ट्रैफिक नियमों का पालन शत-प्रतिशत होता है। ट्रैफिक नियम को तोड़ने पर भारी जुर्माना/सजा का प्रावधान है। ट्रैफिक लाइट वाले चौराहों पर और कहीं-कहीं गति सीमा के क्षेत्रों में सेंसर कैमरे लगे रहते हैं। इनसे नियम तोड़ने वाले वाहन एवं उसके चालक की फोटो मय नम्बर प्लेट के आ जाती है। परिवहन विभाग से नम्बर के आधार पर वाहन स्वामी का पता लेकर अथवा ऑन लाइन वाहन विवरण प्राप्त कर चालान व उस पर लगने वाला जुर्माना लिखकर वाहन स्वामी के पते पर भेज दिया जाता है। वाहन स्वामी को जुर्माना जमा कराना पड़ता है। जुर्माने की राशि इतनी अधिक होती है कि लोग इससे बचने के लिए नियमों का पालन करते हैं। लगातार ऐसी गलती होने पर जुर्माने की राशि और अधिक बढ़ जाती है। तीसरी बार तो चालक का लाइसेंस जमा करा लिया जाता है।

इंग्लैण्ड एक ऐसा देश है जिसमें शत-प्रतिशत परिवहन एवं संचार सम्पर्क है। सड़कों पर डिजिटल सूचना प्रणाली जगह-जगह लगी रहती है जिसके माध्यम से चालक को अपने मार्ग से सम्बन्धित विभिन्न जानकारियाँ प्राप्त हो जाती हैं।

डिजिटल स्ट्रिप्स (डिजिटल पट्टियाँ) के माध्यम से यह भी सूचना मिल जाती है कि मार्ग कहाँ बाधित है। इन सूचना-पट्टिकाओं के माध्यम से चालकों को दिशा-निर्देश भी दिये जाते हैं। मार्ग अवरुद्ध होने की दशा में मार्ग परिवर्तन आदि के दिशा-निर्देश इन्हीं डिजिटल सूचना पट्टिकाओं के माध्यम से चालकों तक पहुँचाये जाते हैं।

मार्गों पर कभी भी कोई जानवर नहीं दिखाई दिया। इसका मतलब ये बिलकुल नहीं कि मांसाहारी देश में जानवर बचे नहीं बल्कि सड़क के दोनों और अपने-अपने स्वामियों के खेत में अथवा फार्म हाउस की सरहदों से बाहर नहीं निकल पाते। अन्य प्रकार के जानवर भी यों खुले में नहीं घूमते। इंग्लैण्ड में कई बार और कई जगहों पर बस यात्रा मेरे द्वारा की गई, परन्तु कोई एक ऐसी घटना नहीं हुई जिसमें कोई जानवर सड़क पार किया हो।

मार्गों पर बनी तीन ट्रैकों में से एक बस/भारी वाहनों की ट्रैक, दूसरी हल्के वाहनों की ट्रैक तथा तीसरी सेवा ट्रैक और साईकिल एवं पैदल यात्री ट्रैक। चौथी ट्रैक मार्ग के बिल्कुल बाहरी किनारों पर होती है। साईकिल/पैदल ट्रैक पर तेज गति वाले वाहन नहीं जाते। पैदल तथा साईकिल सवार रात्रि के समय रिफ्लैक्टर लगाकर ही चलते हैं ताकि तेज गति वाले वाहनों को अपने वाहन की हैड लाईट की रोशनी में दूर से ही चमकता हुआ उनका रिफ्लेक्टर दिखाई दे जाय। इस ट्रैक में चलने वाले साईकिल सवार सिर पर सुरक्षा टोप (हैलमेट) पहनते हैं।

सड़क पार करने के लिए **पैदल पार पथ** बने होते हैं, जो प्रायः सड़क पर सफेद लाइनों से प्रदर्शित होते हैं। पैदल पार करने के लिए ट्रैफिक लाइट चौराहे पर सड़क के दोनों और खम्भे पर बटन लगे रहते हैं। सड़क से पैदल पार करने की इच्छा वाला व्यक्ति बटन दबा देता है। बटन दबते ही सड़क के दोनों ओर लाल बत्ती जल जाती हैं। लाल बत्ती के कारण वाहनें रूक जाती हैं। सड़क को पैदल पार करने की चाहत वाला व्यक्ति सुरक्षित सड़क पार कर जाता है। इंग्लैण्ड में पैदल सड़क पार करने वाले का प्रथम अधिकार माना जाता है। अतः उसके पैदल पार करने की स्थिति में तेज वाहनें रुक जाती हैं।

मार्गों पर दो-दो किलोमीटर की दूरी पर **एस.ओ.एस.** अर्थात् सेव अवर सोल (मुझे बचाओ) टेलीफोन बूथ लगे रहते हैं। एस.ओ.एस. फोन सड़क पर सहायता के लिए बने नियंत्रण कक्ष से सीधे जुड़े होते हैं। ये नियंत्रण कक्ष अपेक्षित मदद पहुँचाने की व्यवस्था कर देते हैं। यदि दुर्घटना हुई है तो एम्बूलेंस में ले जाकर अस्पताल पहुँचाना और इलाज कराकर बीमा कम्पनी को बिल भेज देने आदि का कार्य करते हैं। इसी प्रकार यदि वाहन खराब हो जाये तो दूसरी वाहन में जाकर वाहन स्वामी को उसके गन्तव्य तक पहँचा देते हैं और वाहन को खिंचवाकर मरम्मत हेतु गैराज में भेज देते हैं। बिल वाहन की इंश्योरेंस कम्पनी को भेज दिये जाते हैं। इस प्रकार सड़क पर अकेले होते हुए भी कोई अकेला नहीं होता है। राज्य की सेवाएँ

हर समय साथ होती हैं।

हाईवे कहे जाने वाले सड़क मार्गों पर दोनों और थोड़ी-थोड़ी दूर पर मोटल (सड़क पर बने खूबसूरत ढावे) बने रहते हैं जो **सर्विसेज** के नाम से जाने जाते हैं। सड़कों पर उनके चिन्ह बने रहते हैं। इन चिन्हों को देखकर आवश्यक सेवाएँ यथा पेट्रोल/डीजल, खाना, चाय, आराम इत्यादि सब कुछ उपलब्ध रहता है। भुगतान पर यहाँ की सेवाएँ उपलब्ध रहती हैं।

शहर के अन्दर **पार्किंग** के नियमों का सख्ती से पालन होता है। सड़क के किनारे जिन स्थानों पर पीली लाइनें बनी रहती हैं वहाँ वाहन खड़ी करना मना है। पीली दो लाइनें जहाँ बनी होती हैं वहाँ वाहन रोकना भी मना है। इससे सड़क पर जाम की स्थिति नहीं होने पाती है। निर्धारित पार्किंग स्थल पर जितनी देर वाहन खड़ी होंगी उतनी देर के हिसाब से वाहन को पार्किंग शुल्क देना पड़ता है। निजी कारों आदि को शहर के भीड़भाड़ वाले स्थानों पर ले जाने पर जिन पार्किंग स्थलों पर वाहन खड़ी करने की व्यवस्था होती है वहाँ समय खरीदना पड़ता है अर्थात् वाहन स्वामी पहले से ही अनुमान लगा लेता है कि कितनी देर में वह वापस आ सकता है। उतनी ही देर का निर्धारित मूल्य जिसकी गणना के लिए इलैक्ट्रॉनिक्स मीटर लगे रहते हैं तद्नुसार उनमें सिक्के डालने होते हैं। समय से अधिक देर तक खड़े होने की स्थिति में अधिक मूल्य चुकाना पड़ता है। ट्रैफिक सार्जेन्ट और उनके दल के लोग घूमते रहते हैं, नियमों के उल्लंघन पर तुरन्त चालान काट देते हैं।

लंदन से यूरोप के अन्य देशों के लिए जाने वाली बसें बेहतरीन किस्म की बसें **कोच** कहलाती हैं तथा निजी कम्पनियों द्वारा संचालित हैं। इनमें 'यूरो लाइन' नामक कोच कम्पनी एक बड़ी कोच कम्पनी है। इसी कम्पनी के कोच में मुझे लंदन से पेरिस जाने और पेरिस से ब्रूसेल्स (बेल्जियम की राजधानी) तथा एम्सटरडम (नीदरलैण्ड की राजधानी) जाने का अवसर प्राप्त हुआ। इनमें चैसिस और सीटिंग फ्लोर के बीच में यात्रियों का सामान रखने हेतु खाली स्थान होता है जो दोनों ओर से खुला होता है तथा इस स्थान में रैक भी लगी रहती है ताकि सामान आसानी से रख जाये। ऊपर गाड़ी के अन्दर यात्रियों के बैठने के स्थान पर केवल हैण्ड बैगेज (जैसा कि हवाई जहाज में स्वीकृत होता है।) ही ले जाया जाता है। सीटें बहुत ही आरामदायक होती हैं जिन्हें आगे-पीछे खिसकाया जा सकता है। सोने के समय पीछे की ओर झुकाया जा सकता है। सीटों के ऊपर हवाई जहाज जैसा ही बोर्ड पैनल लगा होता है जिसमें पढ़ने हेतु छोटी-छोटी लाईटें लगी रहती हैं, जिनका फोकस पढ़ने वाले की सीट पर ही पड़ता है। सीट पर पोलीथीन का बैग लगा रहता है ताकि यदि कोई कुछ खाये तो अपशिष्ट उसमें डाल सके। बस के अन्दर एक टायलेट भी बना रहता है जिसमें स्वच्छता का विशेष ध्यान रखा जाता है। सीटें टू वाई टू अर्थात् दोनों और दो-दो ही होती हैं।

कोच के अन्दर निकास द्वार एक से अधिक होते हैं, लेकिन घुसने और उतरने के लिए केवल एक ही द्वार प्रयोग होता है। चालक के बायीं ओर वाले इस द्वार का नियंत्रण चालक के सामने लगे डेसबोर्ड से होता है। वाहन की विण्ड स्क्रीन बहुत ही बड़ी और साफ होतीं है। वाहन के प्रस्थान के पूर्व सह-चालक वाहन में लगे सुरक्षा उपाय एवं सुविधाएँ आदि बताता है। वाहन में लगे ध्वनि विस्तारक (माइक) से सह-चालक/ चालक बोलकर स्वयं अपने आपको और वाहन के गन्तव्य मार्ग को परिचित कराता है। रास्ते में पड़ने वाले स्थानों के बारे में भी बताता है। अन्दर का वातावरण कुल मिलाकर हवाई जहाज जैसा ही होता है।

इन वाहनों से यात्रा करने के लिए टिकिट आदि की बुकिंग खिड़की पर या अधिकृत एजेन्ट या इंटरनेट के माध्यम से ऑन लाइन हो जाती है। भुगतान हेतु कैश या क्रेडिट कार्ड कुछ भी प्रयोग किया जा सकता है। यदि टेलीफोन द्वारा बुकिंग करायी गयी होती है तो फोन पर दिया गया पी.एन.आर. नम्बर टिकिट प्राप्त करने के लिए बताना पड़ता है। ये टिकिट कोच प्रस्थान के आधा घण्टे के पहले तक प्राप्त कर लेना आवश्यक है। टिकिट दिये जाने के पूर्व पासपोर्ट वीजा आदि ट्रैवल डॉक्यूमेन्ट चैक कर लिये जाते हैं ताकि वाहन में बैठने के बाद किसी को उतारना न पड़े। जांच आदि की प्रक्रिया के कारण हवाई जहाज की तरह यहाँ भी प्रस्थान के एक घण्टा पूर्व रिपोर्ट करना आवश्यक होता है। हवाई अड्डे की तरह आगमन और प्रस्थान अलग-अलग बिल्डिंग से होता है। स्टेशन हवाई अड्डा जैसा ही साफ-सुथरा एवं सुख-सुविधाओं युक्त होता है। समय की पाबन्दी पर विशेष ध्यान दिया जाता है। प्रस्थान अथवा आगमन में प्रायः एक मिनट का भी अन्तर नहीं होता है।

इंग्लैण्ड की परिवहन व्यवस्था में **टैक्सी सेवा** का भी महत्वपूर्ण स्थान है। जब किसी व्यक्ति के पास यात्रा के समय सामान अधिक हो या रात्रि में जब नगर बसों की सेवाएँ न दिखाई दे रही हों तो एक मात्र विकल्प टैक्सी ही बचता है। टैक्सी सेवा अन्य सेवाओं की अपेक्षा काफी महंगी होती है। इन वाहनों में वायरलैस और मोबाइल फोन रहता है ताकि वाहन चालक वाहन स्वामी/नियंत्रण कक्ष के हर समय सम्पर्क में रहे। इन वाहनों में **जी.पी.एस.** अर्थात् ग्लोबल पोजीसनिंग सिस्टम लगा रहता है। जी.पी.एस. एक ऐसा सिस्टम है जिसमें प्रारम्भ होने वाला स्थान और गन्तव्य स्थान फीड़ कर दिया जाये तो जी.पी.एस. वाहन चालक का पथ प्रदर्शक बन जाता है। किधर चलना है? कितना चलना है, किधर मुड़ना है, इत्यादि सब कुछ जी.पी.एस. के स्पीकर में सुनाई देता रहेगा। इसमें एक कम्प्यूटर डिवाइस भी रहती है जिससे किराया रसीद दी जाती है। इस प्रकार इनमें चीटिंग की संभावना कम रहती है। इनकी छत पर पीली लाइट में टैक्सी लिखा रहता है। भूमिगत रेलवे स्टेशनों को, कोच स्टेशन, बस स्टैण्ड, रेलवे स्टेशन, एयरपोर्ट आदि सभी जगह इनके कार्यालय होते हैं जहाँ से सम्पर्क करने पर टैक्सी उपलब्ध हो जाती है।

नगर बस सेवा

इंग्लैण्ड के शहरों में नगर बस सेवा का जाल बिछा हुआ है। शहर की नगर बस सेवा शहर प्रशासन के अधीन संचालित होती है। ये सभी वातानुकूलित होती हैं। लंदन में इसे 'लंदन रीजनल ट्रांसपोर्ट' (संभागीय परिवहन लंदन) और संक्षेप में एल.आर. टी. कहा जाता है। ये बसें लाल रंग में रंगी हुई सामान्य और डबल डेकर (दुमंजली) होती हैं। चालक नियंत्रित द्वार वाली इन वाहनों की सीटें आरामदायक होती हैं। चालक के सामने लगे डेसबोर्ड पर लगी बटन से ही प्रवेश द्वार और निकास द्वार खुलते हैं। प्रवेश द्वार चालक के बायीं ओर खुलता है। चालक के सामने एक छोटा सा टिकिट देने वाला कम्प्यूटर लगा रहता है। चालक अकेले ही टिकिट देने का कार्य भी करता है। यात्री अपने हाथ में खुले पैसे लेकर चढ़ते हैं ताकि किसी को भी असुविधा न हो।

बस में चढ़ने के लिए यात्री व्यवस्थित पंक्ति के क्रम को तोड़ने का दुस्साहस नहीं करता। बच्चों, महिलाओं और बूढ़ों के लिए सीटों का आरक्षण है। उनके आने पर लोग सीट छोड़ देते हैं। बस के अन्दर लगे गोल पाइप के खम्बों में बटन लगा रहता है जिसे दबाने पर चालक अलगे स्टेशन पर रोक देता है यदि न भी बटन दबाएँ तो भी चालक निर्धारित स्टैण्ड पर रोक देता है। बस में चढ़ने की सीढ़ी का प्रथम पाया नीचा होता है ताकि चढ़ने वाले आसानी से चढ़-उतर सकें।

सामान अधिक हो तो चालक के पास सामान रखने हेतु कुछ जगह बनायी गई है जिसे लोहे के पाइप द्वारा घेर दिया गया होता है ताकि केवल सामान ही रखा जा सके। सामान रखने हेतु बने इस फर्श पर प्रायः कुशननुमा फर्श पड़ा रहता है ताकि सामान खिसकने न पाये और अटेची आदि में लकीरें (स्क्रैच) न आने पाये। ये स्थान चालक के पास इसलिए रखा जाता है ताकि अन्दर कोई सामान लेकर आने-जाने वालों का रास्ता न रोक ले। ये बसें मनमाने तरीके से नहीं रुकती।

इन बसों के रुकने के निर्धारित स्थान होते हैं, वहीं रुकती हैं। यदि आवश्यकतानुसार कहीं अन्यत्र रोकना है तो चालक से अनुरोध किया जा सकता है। बसों के अन्दर सफाई व्यवस्था का विशेष ध्यान रखा जाता है। किसी भी प्रकार की गन्दगी दिखाई नहीं देती। ये व्यवस्था बनाए रखने में यात्रियों का विशेष योगदान होता है क्योंकि कोई भी व्यक्ति निर्धारित स्थान के अतिरिक्त कहीं भी कूड़ा नहीं छोड़ता है।

नगर बस सेवा की बस में ट्रैवल कार्ड भी अनुमन्य हैं। ट्रैवल कार्ड में उल्लिखित परिक्षेत्र (जोन) में कार्ड की विधि मान्य अवधि तक अनगिनत यात्राएँ करने की छूट होती है। ये ट्रैवल कार्ड गली-मोहल्ले की दुकानों पर भी मिलते हैं। इसमें लोगों को सुविधा रहती है और स्टेशन पर भीड़ नहीं लगने पाती है। भारत में

ऐसी व्यवस्था की बहुत आवश्यकता है। ट्रैवल कार्ड बस एवं ट्यूब ट्रेन दोनों में मान्य होते हैं। पर्यटकों के लिए डबल डेकर बसें अच्छी रहती हैं। ऊपर की मंजिल में बैठकर बिना किसी अवरोध/व्यवधान के शहर का अवलोकन किया जा सकता है। लंदन में साढ़े पाँच हजार इस प्रकार की नगर बसें संचालित हैं।

पयर्टकों के लिए एक अलग प्रकार की डबल डेकर बसों की व्यवस्था हैं जिसे **'हौप ऑन एण्ड हौप ऑफ'** जहाँ चाहो चढ़ो जहाँ चाहो उतरो। हौप ऑन एण्ड हौप ऑफ बसें पर्यटक स्थलों को जोड़ने वाले मार्गों पर संचालित होती हैं। इस प्रकार की बसों का टिकिट इस श्रेणी की सभी बसों में मान्य होता है। यात्री कहीं भी चढ़-उतर सकते हैं। इस श्रेणी की बसों में एक गाइड रहता है जो हाथ में माइक लिए रहता है। चलते हुए शहर के बारे में और सामने आने वाले पर्यटक स्थल के बारे में बताता चलता है। इस प्रकार की बसों में ऊपर की मंजिल खुली होती है। इसमें यात्रा करने वाले पर्यटकों की संख्या सर्वाधिक होती है। यहाँ पर्यटक भारत के चकोर और चकोरी की तरह अंधेरे का इंतजार नहीं करते। प्यार करने लायक क्षण को महसूस करने पर प्रेमी युगल दीर्घ चम्बन में आबद्ध हो जाते हैं। पर्यटन का वातावरण रोमांस और रोमांच से भर जाता है।

इस श्रेणी की बसों में गाइड अंग्रेजी का प्रयोग करता है। अन्य भाषा के गाइड भी इस श्रेणी की बसों में मौजूद होते हैं लेकिन उनके लिए अलग से व्यवस्था की जाती है। गाइड की शैली इतनी विवरणात्मक होती है कि सामने आ रही बिल्डिंग अथवा पर्यटक स्थल के बारे में गाइड द्वारा प्रस्तुत विवरण सामान्य से सामान्य पर्यटक की भी समझ में आ जाता है। कम समय में सारे पर्यटक स्थलों को देखने का इससे अच्छा और सस्ता कोई उपाय नहीं हो सकता।

भूमिगत रेलवे

अतिशय शहरीकरण, बढ़ती जनसंख्या, घटती जगह और शहरों में जनसंख्या घनत्व के कारण शहर में रेल आदि साधनों की आवश्यकता तो थी लेकिन कभी भूमिगत रेलवे भी बनेगी ऐसा सोचना कठिन था; लेकिन वैज्ञानिकों की धरती पर जो भी हो जाय वह कम है। उन्होंने लंदन शहर के नीचे भूमिगत रेलवे का जाल बिछा रखा है जिसे ट्यूब के नाम से भी जाना जाता है। 1863 में पहली बार प्रारम्भ हुई लंदन की भूमिगत रेलवे लाइन विश्व की सबसे पुरानी भूमिगत रेलवे लाइन है। इसके बाद पेरिस (फ्रांस) में मैट्रो के नाम से और न्यूयार्क (अमेरिका) में 'सब वे' के नाम से बनी। जमीन के अन्दर पचासों मीटर नीचे बनी रेल ट्रैक पर बड़ी तेजी से दौड़ने वाली ये रेलवे लाइन एक अजूबा ही है।

भूमिगत रेलवे स्टेशन का सौन्दर्य और सफाई व्यवस्था देखते ही बनती है। नीचे से ऊपर जाने के लिए स्वचालित सीढ़ियों की व्यवस्था और सूचना तो इस

सरलता के साथ प्रदर्शित है कि किसी थोड़े भी समझदार को अपने गंतव्य तक पहुँचने में कोई असुविधा न हो। ट्रेनों के आवागमन में दो मिनट, तीन मिनट और 5 मिनट के अन्तराल रहते हैं, इसलिए अत्यधिक भीड़ कभी इकट्ठी नहीं हो पातीं

ट्रेन में स्वचालित प्रवेश द्वार होते हैं जिनका नियंत्रण चालक के पास होता है। ट्रेन चलने के पूर्व एक कर्णप्रिय आवाज के साथ दरवाजे बन्द हो जाते हैं। ट्रेन के अन्दर जगह-जगह ट्रेन के मार्ग और उसमें पड़ने वाले स्टेशन लिखे रहते हैं। अतः यात्री यात्रा करते समय यह आसानी से जान सकते हैं कि आगे कौन सा स्टेशन आने वाला है। ट्रेन के अन्दर की उद्घोषणा व्यवस्था स्टेशन आने के पहले उद्घोषित कर देती है कि कौन सा स्टेशन आ रहा है और तद्नुसार यात्री अपने गंतव्य पर उतरने के लिए तैयार होकर खिड़की की ओर बढ़ लेते हैं। भारत में भी कलकत्ता एवं दिल्ली में इसी प्रकार की ट्रेन चलने लगी है।

ट्रेन के अन्दर का वातावरण वातानुकूलित होता है। सर्दियों में हीटिंग सिस्टम से वातारण अनुकुल रहता है। अन्दर की सफाई व्यवस्था पर विशेष ध्यान दिया जाता है। सफाई व्यवस्था में प्रत्येक यात्री का योगदान होता है तभी सफ़ाई व्यवस्था चल सकती है। कोई भी व्यक्ति कूड़ा/छिलका आदि तब तक अपने हाथ में लिए रहता है जब तक कि कोई कूड़ादान (डस्टबिन) नहीं मिल जाता।

टिकिट प्रत्येक स्टेशन पर स्वचालित मशीनों से भी प्राप्त किया जा सकता है। ट्रैवल कार्ड दुकानों पर भी उपलब्ध रहता है। ट्रैवल कार्ड द्वारा निर्धारित परिक्षेत्र में निर्धारित अवधि के लिए अनगिनत यात्रा आवृत्तियाँ अनुमत होती हैं।

गंतव्य स्टेशन पर बाहर निकलने के लिए इलैक्ट्रॉनिक गेट से गुजरना पड़ता है। यहाँ टिकिट मशीन में डाल दिया जाता है। यदि टिकिट समाप्त हो रहा होता है तो गेट खुल जाता है, लेकिन टिकिट बाहर नहीं आता है, लेकिन यदि टिकिट आगे के लिए भी वैध होता है तो बाहर निकल आता है जिसे गेट से निकलने के साथ ही यात्री अपने हाथ में ले लेते हैं। ट्रैवल कार्ड चूंकि आगे के लिए और आगे की अवधि के लिए भी वैध होता है। अतः मशीन से बाहर आ जाता है।

रेलवे के लोग सहायता के लिए खड़े रहते हैं। बच्चों की ट्रॉली और व्हील चेयर के साथ भी लोग यात्रा करते हैं। इस प्रकार के यात्रियों की मदद रेल कर्मचारी करते हैं। महिलाओं, बच्चों और वरिष्ठ नागरिकों को बैठने का स्थान प्रथम वरीयतानुसार दिया जाता है। ट्रेन के अन्दर लोग अपना अखबार और मैगजीन पढ़ते रहते हैं। कोई किसी दूसरे के कष्ट का कारण नहीं बनता है। व्यक्तिगत स्वतंत्रता पूर्ण रूपेण होती है। अतः यहाँ भी दीर्घ चुम्बन आदि की घटनाएँ सामान्य हैं। स्टेशन के बाहर क्षेत्र का नक्शा लगा रहता है ताकि कोई यदि किसी स्थान विशेष पर जाना चाहे तो नक्शा/मार्ग दर्शन के आधार पर पहुँच सके।

ट्यूब स्टेशन को जोड़ने हेतु बस मार्ग तथा डी.एल.आर. (डॉकलैण्ड लाइट

रेलवे) एवं सब अर्बन रेल सेवा की सम्पर्क सेवाएँ भी संचालित रहती हैं। ट्यूब लाइन में किसी प्रकार की खराबी जा आये तो रेल यात्री पहले से ही लोगों को गन्तव्य तक पहुँचाने के लिए उद्घोषणा द्वारा बता देते हैं कि यहाँ उतरकर अमुक गेट से बाहर निकलने पर लगी बसों में बैठकर गन्तव्य तक पहुँचेगे। इस वैकल्पिक व्यवस्था में अलग से कोई भाड़ा देय नहीं होता। लंदन से इप्सविच शहर जाते समय मुझे इस प्रकार की वैकल्पिक व्यवस्था के माध्यम से ही जाना पड़ा था। ट्यूब ट्रेन, एयरपोर्ट, रेलवे स्टेशन, कोच स्टेशन, प्रमुख बाजारों, पर्यटक स्थलों, प्रमुख दफ्तरों आदि से अच्छी तरह जुड़ी रहती हैं। इस प्रकार से भूमिगत रेलवे लंदन की जीवन रेखा है।

नदी जल परिवहन

इंग्लैण्ड में नदी जल परिवहन की संभावनाओं का अच्छी तरह उपयोग किया जाता है। इंग्लैण्ड की नदियों में जहाँ साल भर पानी बहता रहता है वहाँ बोट द्वारा जल परिवहन की व्यवस्था है। इससे प्रदूषण नहीं होता, रोजगार के अवसर बढ़ते हैं और नदियों का विकास होता है। पर्यटन और परिवहन दोनों के लिए यह बहुत उपयोगी है। लंदन की टेम्स नदी में चलने वाली रिवर बोट में यात्रा का अपना अलग आनन्द है। शहर का वह दृश्य जो नदी के किनारे है उसका आनन्द इस प्रकार की बोट द्वारा ही लिया जा सकता है। पर्यटकों में इस प्रकार की सेवा बहुत पसंद की जाती है। रोमांच और रोमान्स से भरी ये रिवर बोट यात्रा में खान-पान के अतिरिक्त संगीत, इत्यादि सब कुछ होता है जो पर्यटकों की मस्ती में कुछ अहसास और जोड़ देती है। चेल्सी हार्वर से डॉकलैण्ड हार्वर टेम्स क्लिपरर्स बोट सेवा और बीटैक्स लंदन एवं सिटी क्रूज महत्वपूर्ण सेवाएँ हैं। लंदन के हैम्पटन कोर्ट जैसे ऐतिहासिक महल और बुलिच में टैम्स वैरियर, लंदन को बाढ़ से बचाने हेतु (जो 400 टन से लेकर 3200 टन तक के 10 चल द्वारों वाला स्टील वैरियर) जैसे इंजीनियरिंग के अद्भुत दृश्य रिवर बोट से सही देखे जा सकते हैं।

लंदन में टेम्स नदी में जलमार्गीय शटल सेवाएँ जिन्हें फैरी कहा जाता है, 15 मिनट के अन्तराल पर विभिन्न स्थानों को चलते हैं। ये जलयान विभिन्न पर्यटक स्थलों, बाजारों, कार्यालयों आदि की सेवाएँ प्रदान करते हैं। ग्रीनिच जाने के लिए फैरी एक अच्छी सेवा है। फैरी में सभी अत्याधुनिक सुविधाएँ संगीत एवं बाजार उपलब्ध रहते हैं। इनके अन्दर का वातावरण बहुत सुखद होता है।

अन्तर्देशीय जल मार्ग

लंदन के बाहर आयरलैण्ड, स्पेन आदि की सेवाएँ भी फैरी द्वारा हैं। डोबर (इंगलैण्ड) शहर से कैली (फ्रांस) शहर के बीच फैरी सेवा बहुत अच्छी है। ये फैरी एक अत्याधुनिक पंच सितारा होटल की तरह होती है। कई मंजिला पानी पर तैरता हुए

इस पंच सितारा होटल में लिफ्ट और सीढ़ियों द्वारा इसके विभिन्न तलों तक पहुँचा जा सकता है। इसके अन्दर सुन्दर से होटल रेस्ट्रां, बार, बाजार, डिस्कोथिक, संगीत, खेल एवं सिनेमाघर आदि की सुविधाएँ उपलब्ध होती हैं जहाँ यात्रा के दौरान आनन्द के साथ-साथ खरीददारी का भी कार्य किया जाता है।

इंग्लैण्ड से फ्रांस जाने के लिए बस मार्ग यहाँ होकर ही गुजरता है अर्थात डोबर में आने पर बस यात्रियों समेत बस को फैरी की निम्न डेक में चढ़ा दिया जाता है। अन्दर पहुँचकर यात्री बस से उतरकर फैरी में घूमते हैं, खाते-पीते हैं और इंग्लिश चैनल पार होते ही अर्थात् लगभग एक घण्टे के बाद अपनी-अपनी बस में वापिस आकर बैठ जाते हैं। बस आगे कैली में निकल जाती है। फैरी का सफर बहुत सुखदायक होता है लेकिन जब फैरी के किनारे डैक पर खड़े होकर समुद्र की ओर देखते हैं तो अन्तहीन सागर और अथाह गहराई देखकर रोमांच भी होता है।

लंदन से पेरिस यूरो लाइन बस सेवा द्वारा जाते समय इंग्लैण्ड के डोबर जलपत्तन से फ्रांस के कैली जलपत्तन तक जाने में 34 किलोमीटर की इंग्लिश चैनल पार करने का अवसर प्राप्त कर में बेहद खुश था क्योंकि इस प्रकार के जलयान की मेरी पहली यात्रा थी। मैंने कभी सोचा भी नहीं था कि इतना रमणीक और आकर्षक कोई यान भी हो सकता है। ये तो पानी पर तैरता हुआ पंच सितारा होटल की सुविधाओं वाला शहर सा लगता है। इसमें भी सुरक्षा के कई प्रबन्ध किये जाते हैं। डोवर पहुँचने पर कस्टम और आव्रजन अधिकारी यात्रियों के पासपोर्ट बस के अन्दर ही चैक कर लेते हैं ताकि नीचे उतर कर यात्री भटकने न लगे। जब फैरी डोक पर लग जाती है तो बस उसमें सीधे अन्दर चली जाती है। फैरी में सुरक्षा एवं अन्य दिशा निर्देश के बारे में उ्दघोषणाएँ होती रहती हैं। अपनी-अपनी बस के खड़े होने के स्थान अर्थात् डैक तल, गेट नम्बर, सीढ़ी नम्बर आदि उतरने से पहले रट लिये जाते हैं कुछ लोग लिख भी लेते हैं ताकि यात्रा की समाप्ति पर कोई भटक न जाए। चलने के पहले कोच का चालक भी सुनिश्चित करता है कि कोई छूट तो नहीं गया।

आपातकालीन स्थितियों से निपटने के लिए फैरी में यात्रियों की संख्या के बराबर क्षमता वाली छोटी-छोटी नौकाएँ भी उपलब्ध रहती हैं। डूबने की घटनाएँ यद्यपि बहुत कम होती हैं लेकिन दुर्घटना से इंकार नहीं किया जा सकता। 'टाइटेनिक' नामक जलयान की घटना सदी की बहुत दर्दनाक घटना थी। इस पर बनी फिल्म किसी जलयान के डूबने की भयावह स्थिति को समझने के लिए काफी है। टाइटेनिक की घटना के बाद अब इन जलयानों में छोटी नौकाओं की संख्या बढ़ा दी गई है। आपदा प्रबन्धन के और भी पुख्ता प्रबन्ध कर लिये गये हैं। आर्किमीडिज के सिद्धान्त अर्थात् कोई भी वस्तु अपने भार से अधिक जल हटाती है तो तैरने लगती है। जलयानों में यही सिद्धान्त कार्य करता है, इसलिए बहुत ही असामान्य स्थितियों में ही जलयान डूबता है। कोलम्बस और वास्कोडिगामा ने तो बहुत ही सामान्य और छोटी-छोटी नैकाओं से सागर पार किये थे।

फैरी की यात्रा में भले ही अन्तहीन सागर, उसमें उठने वाली लहरों से होने वाली दहशत में सांसें रुकने लगे लेकिन अन्दर के सुखद वातावरण में सांसें तेज चलने लगती हैं। खून तेजी से दौड़ने लगता है। रग-रग में एक रोमांच भर जाता है। राग रागनियाँ गाने लगती हैं। मौज-मस्ती छाने लगती है। जीवन की मधुरिमा अन्तः की लालिमा से बेखबर होने लगती है। दोबारा मिले न मिले ये पल इसलिए जी भर के जी लो ये पल, ऐसा ही कुछ कहने लगती है जिन्दगी।

सामाजिक परिवेश

ब्रिटिश दार्शनिक टी.एच. ग्रीन का मानना है कि व्यक्ति द्वारा निर्मित सामाजिक व्यवस्था जैविक प्रक्रिया के अनुसार संचालित होती है। जैविक प्रक्रिया के अनुसार एक व्यवस्था अपनी अन्योन्याश्रित उपव्यवस्थाओं में विभक्त होती है। एक उपव्यवस्था में आये बदलाव का प्रभाव अन्य व्यवस्थाओं पर भी पड़ता है। इस आधार पर किसी समाज का अध्ययन उसकी सहयोगी उपव्यवस्थाओं को साथ रखकर ही अध्ययन के परिणाम सही निकलते हैं।

शिक्षा, स्वातंत्र्य और औद्योगीकरण का पुराना केन्द्र होने के कारण इंग्लैण्ड में संयुक्त परिवार संस्था को कई सोपानों से गुजरना पड़ा। घर के अन्दर पति और बच्चों के लिए जीने वाली महिला जब घरेलू आवश्यकताओं की पूर्ति के लिए औद्योगिक इकाई की कर्मचारी बन गई तो उसके घरेलू दायित्वों और व्यावसायिक दायित्वों के बीच टकराहट स्वाभाविक हो गयीं इस टकराहट का परिणाम पारिवारिक विघटन के रूप में परिलक्षित होने लगा।

संयुक्त परिवार की जिम्मेदारियों को पूर्ण करने में आयी बाधाओं के कारण विघटन की शुरूआत तो 18वीं सदी में ही हो गयी थी और 19वीं सदी के अन्त तक संयुक्त परिवार का स्वरूप बिल्कुल बदल गया। 20वीं सदी तक नारी शिक्षा और स्वावलम्बन के कारण पुरुष प्राधान्य को चुनौती मिलने लगी। परिवार के आर्थिक बोझ को हल्का करने के लिए दिन भर खट रही महिला जब तनाव में घर घुसे और घर के वातावरण ने उसके घाव पर मरहम की बजाय नमक छिड़कने का कार्य किया। आक्रोश का लावा फूट पडा। ऐसे में संयुक्त परिवार की कमजोर दीवारों में दरारें पड़ती गयीं। अन्ततः परिवार की पूरी इमारत कमजोर हो गयी और एक दिन संयुक्त परिवार नामक संस्था का महल लड़खड़ाता हुआ धड़ाम से गिर गया।

घर की चहारदीवारी से निकलकर रोजी-रोटी के लिए कारखानों और कार्यालयों में कार्य करने वाले विपरीत लिंगी लोगों की प्रेम-कथाएँ और व्यक्ति स्वातंत्र्य के कारण उद्दाम लीलाओं की घटनाओं और विवाहेत्तर सम्बन्धों के कारण यौन सुचिता की बदलती धारणा ने परिवार का बचा-खुचा पलस्तर भी गिरा दिया।

बढ़ते भौतिकवाद ने मनुष्य की जरूरतों को उसकी पहुँच से ऊपर कर दिया। बाजारवाद ने हर वस्तु बिकाऊ कर दी। बच्चों के लालन-पालन में दादा-दादी और

मम्मी-पापा की बजाये पचासों बच्चों को एक साथ पालने वाली क्रैच संचालिका पालने लगी। माँ के आंचल में पलने योग्य बच्चा सप्ताहान्त में माँ-बाप का सानिध्य पा पाया। ऐसे में माँ-बाप से बच्चों की दूरी बढ़ना स्वाभाविक था। बच्चे दूध की बोतल में उलझ कर परिवार से दूर हो गये।

वयस्क होने पर मिलने वाला बेरोजगारी भत्ता एक तरफ बच्चों को अलग रहने के लिए प्रेरित करता है, वहीं परिवार के आर्थिक बोझ को हल्का करने के लिए माँ-बाप भी बच्चों को अलग रहने के लिए प्रेरित करते हैं। ऐसे में बिखराव की गति और बढ़ जाती है।

बेरोजगारी भत्ते के बल पर अथवा अकेले की कमाई के बल पर अकेले रहने वाले युवक और युवतियाँ अलग-अलग कमरे लेकर दुहरे खर्च से बचने के लिए अपने हम विचार मित्रों की तलाश करने लगते हैं। यौवन के आकर्षण और जोश में जो साथी मिलते हैं, वे बहुत लम्बे समय तक साथ नहीं चल पाते फिर भी मजबूरन बिना शादी के ही साथ-साथ रहने लगते हैं। लगभग एक तिहाई लोग इसी प्रकार रहते हैं। समस्याओं से जूझते और जीवन के सपने बुनते युवकों और युवतियों में जब निराशा का वातावरण आता है तो उनके आपसी सम्बन्धों में भी दरारें पड़ने लगती हैं। अपने-अपने भविष्य की दूसरी मंजिलें देखकर दरारों को पाटने की बजाय नया ढूँढने की प्रवृत्ति के कारण जीवन भर चलने वाले नर-नारी सम्बन्ध अल्प अवधि सम्बन्धों और क्षणिक सम्बन्धों में परिवर्तित हो गये।

स्वावलम्बन ने सम्पन्नता और प्रतिष्ठा में वृद्धि की लेकिन एक दूसरे के प्रति जुड़ाव को कम किया। बच्चे जो स्वावलम्बी नहीं बन सकते थे वे प्यार और स्नेह की बजाय उपेक्षा का शिकार होने लगे। आए दिन होने वाले पति-पत्नी के झगड़े का प्रतिकूल प्रभाव बच्चों पर पड़ा। बड़े होकर यही बच्चे माँ-बाप की उपेक्षा करने लगे। लगाव की बजाय अलगाव का वातावरण घर करने लगा।

दायित्वों की पवित्र ईंटों से बनने वाले परिवार की ईंटें एक-एक कर खिसकती रहीं और 20वीं सदी के अन्त तक टकराव प्रबन्धन व्यवस्था के अभाव में जीवनपर्यन्त चलने वाला परिवार कई कालखण्डों में विभक्त होकर टूट गया।

बुढ़ापे के लिए युवावस्था में ही पेंशन बीमा योजनाओं में धन निवेश करने और वृद्धावस्था में वृद्धाश्रमों में रहने के कारण भारत की तरह परिवार में एक साथ रहने वाली तीन पीढ़ियों का आनन्द समाप्त हो गया।

तीज-त्यौहार समय-समय पर समाज एवं परिवार में हो रहे बिखराव को रोकने में सहायक होते हैं। भारत में रक्षा-बंधन एवं भैया दूज (बहन द्वारा प्रति वर्ष भाई की कलाई में धागा बाँधकर मिठाई खिलाना, भाई-बहन की दूरियों को कम करके जोड़े रखने वाला त्यौहार), होली (परिवार के सभी सदस्यों के साथ पूर्वजों की पूजा-अर्चना करने और सालभर के सारे गिले-शिकवे भुलाकर गले मिलने वाला

त्यौहार), दीपावली (पारिवारिक समृद्धि की कामना के लिए परिवार के सभी सदस्यों द्वारा मिलकर लक्ष्मी पूजन करने वाला त्यौहार) जैसे त्यौहार सम्बन्धों में आयी खटास को कम नहीं होने देते।

शादी एवं जन्मोत्सवों का मित्रों तक सीमित हो जाना भी पारिवारिक विघटन का कारण है। खुशी के इन क्षणों में भी पारिवारिक मिलन, पारिवारिक बिखराव को कम करता है। खुशी के अवसरों पर रूठों को मनाया जाता था। पारिवारिक एकता कायम की जाती थी।

व्यक्तिवाद के बढ़ते प्रभाव के कारण पारिवारिक समारोहों का प्रचलन कम होने लगा है। ऐसे में बिखराव जड़ पकड़ने लगता है। दूरियाँ बढ़ने लगती हैं। परिवार के प्रति आकर्षण घटने लगता है। इंग्लैण्ड का समाज आज इस दौर से गुजर कर परिवार जैसी पवित्र इकाई से दूर हो गया है। टकराव प्रबन्धन व्यवस्था के अभाव में पारिवारिक विखण्डन की इस प्रक्रिया पर ब्रेक नहीं लग पाया। अतः परिवार विखण्डन की त्रासदी का दंश इंग्लैण्ड की सामाजिक व्यवस्था की मजबूरी है।

स्त्रियों की दशा

किसी समाज की प्रगति के स्तर को आंकने का सर्वोत्तम उपाय है स्त्रियों की स्थिति का आंकलन। स्त्रियों की दशा अच्छी होने का सीधा तात्पर्य समाज के उत्थान से है। स्त्रियों के उत्थान का मतलब उनकी शैक्षिक, आर्थिक एवं सामाजिक स्थिति पुरुषों के बराबर हो। इंग्लैण्ड में महिलाएँ किसी भी मामले में पुरुषों से पीछे नहीं हैं।

कभी जे.एस. मिल द्वारा संसद में महिलाओं के अधिकारों के लिए की गयी लम्बी-लम्बी बहस का परिणाम आज महिलाओं के अधिकारों एवं राज्य द्वारा उन्हें प्रदत्त संरक्षण एवं सम्मान की स्थिति में देखा जा सकता है।

सर्व-शिक्षा के सिद्धान्त के कारण सरकार और समाज के प्रत्येक व्यक्ति द्वारा बच्चों को शिक्षित करने का दायित्व निभाया जाता है। शिक्षण संस्थाएँ लिंग के आधार पर किसी भी प्रकार का भेदभाव नहीं कर सकती। शिक्षित होने के कारण महिलाएँ अपने बच्चो को शिक्षित अवश्य कर लेती हैं और जब शिक्षित होती है तो वे शोषण से भी बच जाती है। दहेज जैसी स्थिति के बारे में वहाँ कोई सोच भी नहीं सकता। शिक्षा के कारण ही बिना लड़की की मर्जी के शादी की बात कोई सोच नहीं सकता। कहने का आशय है कि सामाजिक सरोकारों में महिलाओं की पूर्ण सहभागिता है।

एक स्वतंत्र व्यक्तित्व के रूप में भी इंग्लैण्ड में महिलाओं की स्थिति अच्छी है। सरकारी अथवा निजी क्षेत्र की नौकरियाँ हो, या राजनीतिक क्षेत्र हो, या व्यवसाय अथवा व्यापार हो, सब जगह महिलाओं की सहभागिता दिखाई देती है।

प्रायः ट्रक ड्राइविंग अथवा ट्रेन ड्राइविंग जैसे कार्यों में महिलाएँ कम दिखाई देती हैं लेकिन इंग्लैण्ड में उनकी उपस्थिति वहाँ भी दर्ज है। मुझे कई महिलाएँ अण्डरग्राउण्ड रेलवे लाइन की चालक तथा ट्रक एवं सिटी बस की चालक भी दिखीं। रेस्ट्रां एवं बार में महिलाओं की सहभागिता बराबर की है।

घरो में महिलाएँ भारत की तरह किचन का सम्पूर्ण कार्य नहीं करती। किचन में दोनों (महिला एवं पुरुष) मिलकर कार्य करते हैं। महिलाएँ किसी कार्य विशेष के लिए नहीं जानी जाती है। महिलाएँ और पुरुष घर के सभी कार्य मिलकर करते हैं, चाहे खाना बनाने का कार्य हो या सफाई अथवा कपड़ों की धुलाई या अन्य कार्य।

स्वावलम्बन के कारण वे किसी भी प्रकार से पुरुषों पर निर्भर नहीं हैं। अपनी स्वयं अर्जित आय में वे स्वतंत्र होकर खर्च करती हैं। सम्पत्ति में महिलाओं के अधिकार पुरुषों जैसे ही हैं। भ्रूण हत्या नहीं होती, छेड़खानी या बलात्कार की घटनाएँ नहीं होती।

पर्यटन पर महिलाएँ पुरुषों की तरह ही अकेले ही निकल जाती हैं। भारत में भी विदेशी पर्यटकों में अकेली महिला पर्यटकों की संख्या 40 प्रतिशत के करीब है। बच्चे पैदा करने में भी पुरुषों की मर्जी नहीं है। महिला के स्वास्थ्य एवं पसंद के आधार पर ही प्रजनन का निर्धारण होता है। प्रजनन के लिए प्रसूति अवकाश पूरे वेतन के साथ प्राप्त होता है। ये लोग सरकारी व गैर सरकारी सभी संस्थानों में कार्यरत हैं।

शादी बालिग (18 वर्ष) होने पर ही होती है। शादी लड़की की अपनी पसंद के लड़के से होती है। टकराहट होने पर विच्छेद भी हो जाता है। कई बार (लेकिन तलाक के बिना दूसरी नहीं) शादी करने में भी कोई किसी को हेय दृष्टि से नहीं देखता, लेकिन फिर भी जीवन पर्यन्त चलने वाले रिश्तों को आर्दश माना जाता है। विच्छेद की स्थिति में भी बच्चे बड़े होने तक माँ के चाहने पर उसके पास ही रहते हैं।

किसी भी पद तक पहुँचने और कोई भी व्यवसाय चुनने और करने की न सिर्फ पूर्ण आजादी है बल्कि कर भी रही हैं। सामाजिक, आर्थिक एवं राजनैतिक क्षेत्रों में स्थिति अच्छी होने से महिलाओं में आत्मविश्वास है। वे अपने मान-सम्मान की लड़ाई के लिए किसी भी हद तक जा सकती हैं।

परिवार में लड़की का जन्म लड़के की तरह ही अच्छा माना जाता है। दोनों की शिक्षा-दीक्षा आदि सब कुछ एक जैसा ही होता है। अतः दोनों में भेदभाव की स्थिति नहीं आती।

राज्य द्वारा महिलाओं को सभी प्रकार के कानूनी अधिकार एवं संरक्षण प्राप्त हैं। सामाजिक बीमा योजनाओं तथा अन्य योजनाओं का लाभ उन्हें प्राप्त है। राज्य के सर्वोच्च पद पर आसीन सम्राज्ञी एलिजाबेथ द्वितीय भी महिला है।

बेरोजगारी की स्थिति में राज्य की नीति के आधार पर बेरोजगारी भत्ते की सुविधा लड़कों की ही तरह लड़कियों को भी प्राप्त है। 18 वर्ष से ऊपर की लड़की यदि रोजगार के लिए रोजगार दफ्तर में नामांकन कराती है तो वहीं से उसे रोजगार मिलने तक बेरोजगारी भत्ता भी प्राप्त होता है। इस भत्ते की राशि समय-समय पर बदलती रहती है, परन्तु इतनी होती है कि एक व्यक्ति की गुजर हो सकती है।

विधवाओं को अपने पैरों पर खड़े होने के लिए भी सरकार सहायता उपलब्ध कराती है। उन्हें सस्ते ब्याज पर ऋण तथा व्यवसाय चुनने और सामाजिक बीमा योजना के अन्तर्गत अनुदान आदि भी उपलब्ध कराती है।

बिना शादी के महिला पुरुष के साथ रहे तो भी किसी को कोई आपत्ति नहीं है। यूरोप में इस प्रकार के जोड़ों की संख्या पूरी जनसंख्या में 35 प्रतिशत के करीब पहुँच चुकी है।

समलैंगिकता की जीवन शैली में जीने की आजादी चाहने वालों का संघर्ष जीत पा ही चुका है। समलैंगिक क्लब, समलैंगिक शादियाँ आदि सब कुछ हो रहा है। ये विकृतियाँ अतिशय आजादी और अधिकारों का ही परिणाम है। कुल मिलाकर महिलाओं को पुरुषों जैसी आजादी है। ऐसा कोई भी कार्य जो पुरुष कर सकते हैं, वह महिला भी करने के लिए स्वतंत्र है। सिगरेट और शराब पीने से लेकर विवाहेत्तर अथवा विवाह पूर्व सम्बन्ध आदि सब कुछ करने में वे पूर्ण रूपेण स्वतंत्र हैं, लेकिन ये केवल वैधानिक स्थिति है; व्यवहार में वे बहुत मर्यादित। मर्यादित हैं और अमर्यादित होना भारत की ही तरह अलग-अलग व्यक्ति में अलग-अलग है। परम्परावादी देश होने के नाते उच्श्रृंखलता पसन्द नहीं की जाती।

बच्चों की स्थिति

इंग्लैण्ड में पैदा होने वाले प्रत्येक बच्चे का लालन-पालन अपने माँ-बाप की जिम्मेदारी के साथ-साथ राज्य की जिम्मेदारी में भी आता है। इंग्लैण्ड एक कल्याणकारी प्रजातांत्रिक देश है। अतः बच्चों के गर्भ में आने से बालिग होने तक राज्य हर संभव मदद करता है। जो महिलाएँ बिना शादी के अथवा विधवा होने पर माँ बनती हैं, उनके बच्चों के लालन-पालन के लिए भी परिवार कल्याण विभाग एवं सामाजिक सहायता तथा सामाजिक सुरक्षा बीमा के अन्तर्गत हर संभव मदद यथा बच्चे के लिए दुग्ध, दवाई एवं स्वयं माँ के लिए भोजन की भी सहायता उपलब्ध है।

छोटे बच्चे को यदि कोई माँ उपेक्षित छोड़कर या मकान में बन्द करके चली जाय अथवा उन्हें अनायास पीटे तो पड़ोसी आदि से सूचना पाकर अथवा बच्चों से सूचना पाकर माँ-बाप को समझाने व धमकाने के लिए सम्बन्धित बाल कल्याण एवं मानवाधिकार विभाग के लोग दखल देने आ जाते हैं।

माँ-बाप के न होने पर अन्य देशों में बच्चों की स्थिति भिखारियों जैसी हो जाती

है, लेकिन इंग्लैण्ड में बच्चों को प्राप्त होने वाली सहायता उन्हें अपने परिवार की तरह देश के प्रति भी पूर्ण रूपेण वफादार होने के लिए मजबूर करती है। राज्य चूंकि उनकी हर मुश्किल में सहायता लेकर पहुँच जाता है इसलिए बच्चे अपने देश के प्रति गौरव और अभिमान करते हैं। जहाँ बच्चे भिखमंगी के लिए मजबूर होते हैं वे भले ही प्रश्न न करें लेकिन ये प्रश्न अपने आप ही खड़ा हो जाता है कि देश ने उन मासूमों के लिए क्या किया है जिसके लिए वे बलिदान होने की बातें करते हैं।

बड़े होने पर शिक्षा के लिए सर्व सुलभ एवं निःशुल्क शिक्षा की स्थिति और सबके लिए एक जैसी शिक्षा के कारण शिक्षा के अपने अधिकार को प्राप्त कर सभी बच्चों को आगे बढ़ने का अवसर प्राप्त होता है। स्कूल में शिक्षा के साथ व्यावसायिक शिक्षा और खेलकूद आदि में भी सबको समान अवसर प्राप्त होते हैं। उच्च शिक्षा में छात्रवृत्ति आदि की व्यवस्था के कारण पढ़ने वाले छात्रों को कोई आर्थिक कठिनाई नहीं होती है। बालिग होने पर बेरोजगारी की स्थिति में सेवायोजन कार्यालय में पंजीकृत होने पर बेरोजगारी भत्ता आदि की सुविधाएँ प्राप्त होती हैं। भत्ते की राशि एक व्यक्ति के गुजारे भर के लिए पर्याप्त होती है।

सामाजिक सुरक्षा का ये भाव बच्चों के बौद्धिक विकास में सहायक होता है। बचपन, यौवन और बुढ़ापे में राज्य द्वारा परिवार की तरह हाथ बटा लेने के कारण कुण्ठा का भाव नहीं आता है। पारिवारिक बिखराव के कारण हुए रिक्त को राज्य के इस सहयोग भाव ने भर दिया।

विकलांग व्यक्तियों की स्थिति

इंग्लैण्ड में विकलांग व्यक्ति किसी की दया पर निर्भर नहीं है, बल्कि विकलांगों की विकलांगता के आधार पर उन्हें प्रशिक्षण, अनुदान एवं ऋण आदि देकर अपना भार स्वयं वहन करने के लिए तैयार कर दिया जाता है। अपना भार स्वयं वहन करने की स्थिति में आ जाने से वे दूसरे के ऊपर निर्भर नहीं होते और राष्ट्र को अपनी सेवाएँ भी दे देते हैं।

सरकारी संस्थाओं में प्रत्येक जगह विकलांगों का ध्यान रखते हुए विकलांग टॉयलेट तथा चढ़ने के रम्प एवं ऊपर चढ़ने हेतु लिफ्ट आदि की व्यवस्था उपलब्ध है। टॉयलेट के तीन प्रकार पुरुष, महिला एवं विकलांग दिखाई दिये।

विकलांगों को सरकारी सहायता के कार्ड उपलब्ध रहते हैं, ज़िनके आधार पर उनहें बहुत सारी आवश्यक सुविधाएँ प्राप्त होती हैं। आँखों से अंधे व्यक्ति के लिए ऑडियो एवं ब्रेल लिपि वाले कार्यक्रमों के माध्यम से रोजगार उपलब्ध कराये जाते हैं। सरकारी नौकरी के अतिरिक्त निजी व्यवसाय के लिए भी उन्हें प्रशिक्षण एवं ऋण आदि उपलब्ध कराया जाता है। भारतीय मूल के श्री खण्डेलवाल और श्री बालू सूरदास हैं। दोनों ही व्यक्ति अपने-अपने प्रशिक्षण के कारण अपने-अपने व्यवसाय

चला रहे हैं।

श्री खण्डेलवाल तो 'सन शाइन टूर' नामक कम्पनी के मालिक हैं। वे अपने ऑडियो एवं ब्रेल लिपि के आधार पर रिकॉर्ड रखते हैं और वांछित सूचनाएँ फोन पर उपलब्ध करा देते हैं। उनके इस कार्य से वे अपनी तथा अपने परिवार के अन्य लोगों की रोजी-रोटी चला रहे हैं। इसी प्रकार बालूजी आदि भी अपने-अपने कार्य चला रहे हैं।

श्री खण्डेलवाल की पत्नी भारतीय मूल की राजस्थानी विदुषी महिला हें। वे साहित्यिक कार्यक्रमों में अपने पति के साथ भाग लेती रहती हैं। ऐसे ही एक कार्यक्रम में मेरी उनसे भी मुलाकात हुई। 'स्पर्श' फिल्म में नसीरुद्दीन शाह और शबाना आजमी का दृश्य और उनके डायलॉग मुझे याद आने लगे। अपने पति की लाठी बनकर कभी उन्हें भारतीय कार्यक्रमों और कभी मन्दिर के कार्यक्रमों में ले जाने वाली अंग्रेजी धरती पर भारतीय संस्कारों के प्रतिमान स्थापित करती डॉ. कृष्णा तिवारी पत्नी धर्म पर आधारित भारतीय लोक कथाओं की नायिका की भूमिका अदा कर रही हैं।

वृद्धों की स्थिति

इंग्लैण्ड में वृद्धों की स्थिति भारतीय वृद्धजनों से अलग है। भारत की परिवार व्यवस्था इतनी मजबूत है कि दुनिया में एक उदाहरण बनी है। इसमें तीन-तीन पीढ़ियाँ एक साथ रहती हैं। एक दूसरे के अनुभवों और स्नेह का आनन्द उठाती हैं, लेकिन इंग्लैण्ड मे पारिवारिक विघटन, प्रोफेशनलिज्म आदि के कारण सभी वृद्धों को परिवार के बीच रहने का सदैव सुख प्राप्त नहीं हो पाता।

युवावस्था में सामाजिक सुरक्षा बीमा आदि में लगाया गया पैसा इंग्लैण्ड के वृद्धों को अपने बेटों अथवा बेटियों परं आश्रित नहीं होने देता। वे स्वावलम्बी होकर अपनी उम्र के अन्य वृद्धों के साथ वृद्ध क्लब अथवा वृद्ध समाज में आनन्द लेते हैं। यहाँ उनके हम उम्र होते हैं, अतः पीढ़ियों के अन्तराल की समस्या नहीं होती है। वे घूमते-खेलते अथवा अन्य बहुत सारे कार्यक्रमों में आनन्द लेते हैं।

साठ साल से ऊपर के लोग सीनियर सिटीजन अर्थात् वरिष्ठ नागरिक कहे जाते हैं। इन वरिष्ठ नागरिकों को ट्रेन एवं बस के भाड़े अथवा अन्य बहुत सारी जगहों पर सस्ते टिकट मिलते हैं। इस प्रकार के वरिष्ठ नागरिकों का सम्मान बसों में सीट के लिए आरक्षण आदि में भी देखने को मिलता है। लेकिन कहीं न कहीं अपने बच्चों की उपेक्षा के करण साथ न रह पाने की मजबूरी उन्हें कुण्ठित जरूर करती है। यही वह उम्र होती है जिसमें सहारे की आवश्यकता होती है, लेकिन इंग्लैण्ड में वृद्धों को राज्य तथा अन्य संस्थाओं द्वारा हर संभव सहायता उपलब्ध रहती है। चूंकि सभी वृद्धों के पास जरूरत के लिए धन होता है इसलिए किसी प्रकार की

परेशानी नहीं होती।

'ओल्ड एज हाउस' में 'कॉमन रूम' सुविधा, लाइब्रेरी, चिकित्सा आदि की सुविधाएँ उपलब्ध होती हैं। यहाँ पर सभी वृद्ध एक दूसरे की लाठी बनकर सहयोग करते हैं। अतः अलग रहने पर भी किसी प्रकार की परेशानी नहीं होती।

पैदल चलने में अक्षम लोग व्हील चेयर आदि पर चलते हुए मिल जाते हैं। जिन्दगी की हर मुश्किल एवं कठिनाई को दूर करने का सफल प्रयास किया गया है।

रॉल्स रॉयस में ताबूत

भारत से भिन्न इंग्लैण्ड में मृत्यु के पश्चात् परिजनों एवं मित्रों के आने तक शव को घर में ही अन्तिम दर्शन के लिए रखे जाने की बजाय शव को शव व्यापारी के सुपुर्द कर दिया जाता है। शव व्यवसाइयों के पास शव को सुरक्षित रखने के लिए बड़े-बड़े फ्रीजर एवं दफनाने से सम्बन्धित आवश्यक सामग्री उपलब्ध रहती है। एक शव को दफनाने के लिए आवश्यक वस्तुओं के खर्च के हिसाब से ही उनके शुल्क होते हैं।

मृतक के परिजनों और मित्रों को सूचना देने से लेकर शमशान तक पहुँचाने का कार्य भी इन्हीं शव व्यापारियों द्वारा किया जाता है। मृत्यु की सूचना के साथ दफनाने की तिथि, स्थान एवं समय भी सूचित किया जाता है ताकि इच्छुक मित्र एवं परिजन अन्तिम यात्रा में सम्मिलित हो सकें। दफन की तिथि, शमशान की स्थिति आदि के आधार पर तय होती है। आने वालों को भी सुविधा हो सके और शमशान में अधिक समय न लगे।

शमशान में स्थान उपलब्धता की स्थिति एवं रिश्तेदारों एवं मित्रों के आने तक परिवार वाले न तो शव को सुरक्षित रख पाते और न ही स्वास्थ्य रक्षा की दृष्टि से उचित होता। ऐसे में फ्यूनरल डायरेक्टर की आवश्यकता महसूस होने पर ही ऐसी व्यवस्था विकसित हुई होगी। मृत्यु की स्थिति में सामाजिक सुरक्षा मंत्रालय द्वारा फ्यूनरल डायरेक्टर आदि का खर्च वहन किया जाता है। इतना ही नहीं दफन के लिए जब डीप फ्रीजर से शव निकाला जाता है तो धार्मिक रीति-रिवाजों के साथ शव को अन्तिम यात्रा के लिए विशेष रॉल्स रॉयस कार में ताबूत (शव रखने का बॉक्स) रखकर ले जाया जाता है।

परिवार अथवा मृतक की धार्मिक मान्यता के अनुसार अन्तिम संस्कार की क्रियाएँ सम्पन्न होती हैं। मृतक आत्मा की शान्ति और परिवार वालों को दुःख की स्थिति में दुःख सहने का बल देने के लिए 2 मिनट का मौन रखकर प्रार्थना करने की भी परम्परा है। ईसाई धर्म के मताबलम्बियों में यह प्रार्थना सभा चर्च एवं उसके पादरी द्वारा सम्पन्न करायी जाती है। राजकुमारी डायना की अन्तिम संस्कार की रस्म अदायगी जिसे 'सर्विस' कहा जाता है, वेस्टमिन्स्टर कथीड्रल में हुई थी। बौद्ध

सम्प्रदाय में यह कार्य भन्ते कहे जाने वाले धार्मिक व्यक्ति द्वारा सम्पन्न कराया जाता है जिसे पालि भाषा में पढ़ा जाता है। मृतक से हुई किसी असुविधा के लिए मृतक की ओर से और अन्य लोगों की ओर से मृतक को हुई असुविधा या कष्ट के लिए क्षमा मांगने और विदा लेने के पूर्व सभी लोगों द्वारा जाने वाले का मार्ग सुखकर हो, इस बात की प्रार्थना के साथ 'सर्वे भवन्तु सुखिनः' की प्रार्थनाएँ की जाती हैं। इसी प्रकार अन्य धर्मावलम्बियों में भी अपने-अपने रीति-रिवाज के अनुसार अन्तिम संस्कार सम्पन्न होता है।

आर्थिक विकास का दिग्दर्शन

आर्थिक रूप से सुदृढ़ इंग्लैण्ड पिछले तीन सौ वर्षों से विश्व अर्थव्यवस्था में महत्वपूर्ण स्थान बनाए हुए है। इंग्लैण्ड की अर्थव्यवस्था, कृषि, उद्योग, व्यवसाय, सेवाएँ एवं वित्त पर आधारित है। इंग्लैण्ड में गहन खेती के माध्यम से अच्छी उत्पादकता का लाभ उठाया जाता है। औद्योगीकरण एवं मशीनीकरण का प्रभाव खेती पर भी पड़ा।

कृषि

खेतों में उन्नत किस्म के बीजों, औजारों, पानी, खाद एवं कीटनाशक दवाइयों का प्रयोग कर इंग्लैण्ड में एक तरफ पैदावार बढ़ाई गयी, दूसरी ओर कृषि उत्पाद का औद्योगिक प्रयोग यथा मक्का से पॉपकोर्न, मटर की पैकिंग, आलू का भण्डारण कोल्डस्टोरेजे आदि द्वारा कृषि उत्पादन से अत्यधिक लाभ कमाने का कार्य किया गया है।

लंदन से बर्मिंघम तथा मेनचेस्टर एवं एडिऩबरा के रास्ते में इंग्लैण्ड की धरती पर होने वाली खेती का दृश्य देखने का अवसर मिला। खेत सड़क के किनारे मिक्सड फार्मिंग वाले थे। खेतों में कहीं घोड़े घास चर रहे थे, कहीं गायें और कहीं भेड़ें।

खेती में जो फसलें दिखीं उनमें प्रमुख फसल मक्का की थी। मक्का की किस्म जो उन खेतों में दिखाई दी वह ठण्डक में पैदा होने वाली किस्म थी। भारत से अलग यहाँ छोटे-छोटे पौधों में बड़े-बड़े भुट्टे लगे थे। अधिकांश भुट्टे पकने के पहले ही बिक जाते हैं क्योंकि एक तरफ भूनकर बेचने वाले खरीदते हैं और दूसरी तरफ मक्का से खाद्य तेल बनाया जाता है। तीसरे नाश्ते में प्रयोग होने वाला कार्नफ्लैक्श, सब्जी और सलाद में भी बेबीकार्न (नरम भुट्टा) का प्रयोग होता है। पिज्जा आदि के निर्माण में भी काली मक्का (बेबीकार्न) का प्रयोग होता है। मक्का की सब्जी मुझे एक भारतीय परिवार में खाने को मिली। सब्जी का स्वाद इतना अच्छा था कि आज भी मुझे याद है।

खेतो में हैरो से लेकर कम्बाइनर तक का प्रयोग होता है। खेतों में फार्म हाउस का निर्माण बात आम है। घोड़े, गायें, सुअर, भेंड आदि पालतू जानवर इन्हीं फार्म हाउसों में पाले जाते हैं। घास एवं अन्य कटी हुई फसलों के गट्ठर (रोल) खेतों में

पड़े दिखाई दिये। किसान भारत की तरह हल चलाते या हंसिये से फसल काटते नहीं दिखाई दिये। मक्का के अलावा नकद फसलें (कैस क्रोप) ही दिखाई दीं।

अपनी कार के पीछे कैरावैन (पहियों पर घर) लेकर ब्रिटेन के लोग कन्ट्रीसाइड अर्थात् देहात में छुट्टियां बिताने जाते हैं। **केरावैन** में सभी आधुनिक सुविधाएँ होती हैं। इसमें पलंग से लेकर टायलेट तक और लगभग अन्य सभी आवश्यकता की चीजें होती हैं ताकि जंगल में भी मंगल हो सके। इंग्लैण्ड के किसान इस प्रकार की केरावैन लेकर दूर-दराज के अपने खेतों में रहकर अपना कार्य सम्पन्न करने हेतु जाते हैं। कुछ लोग पर्यटन के लिए भी इस प्रकार के कैरावैन लेकर जाते हैं। लंदन से मानचेस्टर के रास्ते में इस प्रकार के कई कैरावैन मुझे रास्ते में दिखाई दिये।

उद्योग धन्धे

इंग्लैण्ड उद्योग धन्धों में सारे विश्व में महत्वपूर्ण स्थान रखने वाला देश है। यहाँ 17वीं सदी में औद्योगिक क्रान्ति हो गयी थी। अपनी स्थिति को यथावत रखने के लिए इंग्लैण्ड अपने औद्योगिक संस्थानों को अत्याधुनिक तकनीकि से सुसज्जित करता रहता है। मानचेस्टर कपड़ा एवं अन्य उद्योग धन्धों के लिए विश्व का सर्व प्रमुख शहर है।

इंग्लैण्ड का शिपिंग (पानी के जहाज) उद्योग, कार निर्माण उद्योग, कपड़ा निर्माण, शराब एवं बीयर निर्माण, रेल के इंजन, हवाई जहाज के निर्माण के अतिरिक्त हथियारों आदि के निर्माण में विशेष स्थान है।

खाद्य सामग्री एवं अन्य रोजमर्रा की आवश्यकता की वस्तुओं के निर्माण के अतिरिक्त इंग्लैण्ड बीमा, बैंकिंग एवं अन्य वित्तीय संस्थाओं के कारोबार तथा सेवा क्षेत्र में अपना विशेष स्थान रखता है।

इंग्लैण्ड के औद्योगिक घरानों में भारतीय मूल के लॉर्ड स्वराजपॉल, लॉर्ड ढोलकिया, श्री लक्ष्मी मित्तल आदि के नाम भी अंकित हैं।

बैंकिंग

इंग्लैण्ड में बैंकिंग का व्यवसाय विश्व प्रसिद्ध है। दुकानदारों का देश (शॉपकीपर्स कण्ट्री) कहा जाने वाला इंग्लैण्ड बैंकिंग के बगैर बड़े-बड़े उद्योग-धन्धों, बहु-राष्ट्रीय कम्पनियों आदि को पुष्पित-पल्लवित नहीं कर सकता। बैंकिंग व्यवसाय से जुड़े हुए जो भी सिद्धान्त आज प्रचलित हैं उन सबको प्रचलित करने में इंग्लैण्ड की महत्वपूर्ण भूमिका रही है। बड़े-बड़े बैंकों को प्रारम्भ करने में भी इंग्लैण्ड की महत्वपूर्ण भूमिका रही है। पूँजी निवेश के लिए इन बैंकों एवं बैंकिंग संस्थाओं (शेयर इत्यादि) का महत्वपूर्ण योगदान इंग्लैण्ड की बैंकिंग व्यवस्था में स्पष्ट दृष्टिगोचर होता है। केन्द्रीय लंदन स्थित विभिन्न बैंकिंग संस्थाओं के मुख्यालयों की इमारतों को देखकर यह सहज अनुमान लगाया जा सकता है कि इंग्लैण्ड का बैंकिंग व्यवसाय खूब फला-फूला है।

सेवाएँ

सेवाओं के क्षेत्र में इंग्लैण्ड ने बहुत प्रगति की है। बल्कि कहा जाना चाहिए कि महत्वपूर्ण सेवाओं का प्रारम्भ भी इंग्लैण्ड ने शुरू किया है। विभिन्न सलाहकारी (कंसलटेन्सी) सेवाएँ प्रारम्भ कर इंग्लैण्ड ने पैसे वालों को विशेषज्ञ सेवाएँ एवं तकनीकी सेवाएँ उपलब्ध कराकर एक दूसरे को अनुपूरक रूप से जोड़ दिया जिसके कारण आर्थिक विकास हेतु उद्योग-धन्धों एवं अन्य व्यवसायों को अप्रत्याशित गति मिली।

श्रम कल्याण

आधुनिक युग के प्रारम्भ में कल कारखानों की स्थापना के बाद मालिक, मजदूर और उनके बीच सम्बन्धों का प्रश्न सर्वप्रथम इंग्लैण्ड में 17वीं सदी में आया था। मशीनों के आविष्कारों ने उत्पादन जरूर बढ़ा दिया लेकिन मजदूरों की दशा खराब कर दी। अधिकाधिक मुनाफा कमाने के लिए मालिक मजदूरों से न्यूनतम वेतन के बदले अधिकाधिक कार्य लेने लगे।

मानवीय एवं अनुकूल परिस्थितियाँ न होने से श्रमिकों की कार्यकुशलता में निरन्तर ह्रास होने लगता है जिसमें श्रमिकों की दशा तो खराब हो ही जाती है, राष्ट्रीय उत्पादन का भी ह्रास होता है। इंग्लैण्ड में कभी श्रमिकों के पैर मशीनों से बाँध दिये जाते थे। उनके खाने के लिए खाना और पीने के लिए पानी रख दिया जाता था लेकिन इससे भी उत्पादन में कोई बढ़ोत्तरी नहीं होती थी। श्रमिकों के प्रति इस अमानवीय व्यवहार को इंग्लैण्ड के लेखकों ने अपनी लेखनी का विषय बनाया। परिणामस्वरूप कई श्रमिक कानून अधिनियम अस्तित्व में आये जिनमें उनके काम करने के घण्टे न्यूनतम मजदूरी, बोनस आदि निर्धारित किये गये। उनके लिए मनोरंजन, पुस्तकालय, आवास, मध्यान्ह भोजनावकाश, साप्ताहिक अवकाश, दुर्घटना बीमा आदि का भी प्राविधान किया गया।

इंग्लैण्ड में मजदूरों की दशा जितनी खराब थी बाद में उतनी ही सुधर भी गयीं श्रमिक कल्याण प्राविधानों के कारण ही सबसे प्रथम सर्वाधिक औद्योगिक देश होने के बावजूद भी इंग्लैण्ड में श्रमिक क्रान्ति नहीं हुई। मजदूरों को प्रबन्धन में सहभागिता मिली। टकराव की बजाय सहयोग के कारण इंग्लैण्ड में मिलों के उत्पादन पर प्रतिकूल प्रभाव नहीं पड़ा। श्रमिकों ने जी-जान से मेहनत कर इंग्लैण्ड को बहुत सारी मुश्किलों से बचाया।

आज श्रमिकों के कल्याण के लिए सारी सुविधाए उपलब्ध हैं। मनोरंजन, आवास, अवकाश, मध्यान्ह भोजनावकाश, पुस्तकालय, दुर्घटना बीमा, पेंशन बीमा आदि। इंग्लैण्ड में अनियमित श्रमिक की एक दिन की मजदूरी नियमित (माहवारी)

श्रमिक की एक दिन की मजदूरी से अधिक होती है, अनियमित श्रमिक की एक दिन की दिहाड़ी नियमित (माहवारी) मजदूर की दिहाड़ी से अधिक होने के पीछे तर्क दिया जाता है कि नियमित श्रमिक को तो कल भी काम मिलेगा लेकिन अनियमित मजदूर को यदि कल काम न मिला तो वह खायेगा क्या? जब कोई भूखा होगा तो कानून व्यवस्था तोड़कर छीना-झपटी करेगा। अतः मजदूरों की दशा को कानून व्यवस्था से जोड़कर भी देखा जाता है।

कार्य करने के घण्टे निर्धारित होने से एक तरफ मजदूरों को आराम करने व अपनें परिवार के साथ रहने का समय मिल जाता है वहीं अधिक घण्टों के लिए अतिरिक्त आय भी हो जाती है और ओवरटाईम मिलने से श्रमिक स्वेच्छा और मेहनत के कार्य करते हैं।

श्रमिकों के कार्य करने की दशा में इंग्लैण्ड ने बहुत ध्यान दिया है। अंधेरे और बदबूदार कार्य स्थलों की बजाय स्वास्थ्य के लिए अहानिकर कार्य स्थलों का निर्माण, कार्य स्थल से घर तक आने-जाने की सुविधा आदि प्रदान करने का ध्यान रखा है।

महिलाओं का विशेष ध्यान रखा गया है, उन्हें मातृत्व सम्बन्धी विशेष अवकाश पूर्ण वेतन के साथ चिकित्सावकाश, चिकित्सा बीमा तथा मैटरनिटी लीव, उनके बच्चों के लिए क्रैच एवं स्कूलों का भी ध्यान रखा गया है।

14 वर्ष से कम आयु के बच्चों को मिलों में कार्य करने की इजाजत नही दी जाती है ताकि उनका बचपन खराब न हो। उनकी शिक्षा, स्वास्थ्य एवं अन्य सुविधाओं का भी ख्याल रखा जाता है। बच्चों को जोखिम भरे कार्यों से बचाया जाता है।

मजदूरों की आर्थिक स्थिति इस बात से स्पष्ट हो जायेगी कि मेरे मेजबान श्री के.बी.एल. सक्सेना के लॉन में कार्य करने के लिए जो गार्डनर (माली) आता था वह अपनी कार से आता था। कार की डिग्गी में अपने टूल्स (औजार यथा फावड़ा, कुदाल, हैरो, स्प्रे मशीन, घास काटने वाली रोलिंग मशीन, खुरपी इत्यादि) आदि रखकर लाता था। सप्ताह में एक दिन एक घण्टे के लिए आने वाला ये गार्डनर 20 पाउण्ड (एक पाउण्ड लगभग रु 75 के बराबर होता है) लेता था।

मकान बनाने के लिए राज मिस्त्री और उसके साथ कार्य करने वाले मजदूर एम्बेस्डर पिकअप जैसी वाहन में आते हैं। उस वाहन में भी मकान बनाने से सम्बन्धित टूल्स (औजार) रहते हैं तथा आवश्यकतानुसार अन्य सामग्री भी। यदि किसी को अपने घर में पैच वर्क जैसा कार्य कराना होता है तो ये राज मिस्त्री ठेका ले लेते हैं और अपनी गाड़ी में रखे सीमेन्ट, गिट्टी, मौरंग, ईंट आदि का प्रयोग कर अपना कार्य सम्पन्न कर बिल देते हैं और भुगतान लेते हैं।

लोडिंग-अनलोडिंग करने वाले श्रमिक अपने साथ छोटे ट्रैक्टर जैसी गाड़ी लाते हैं जिसमें भारी सामान को उठाकर सुरक्षित लादने की व्यवस्था होती है। इसी प्रकार

अन्य काम जैसे सड़क बनाने वाले मजदूर आदि भी अपने से सम्बन्धित टूल्स को अपनी गाड़ी में लेकर चलते हैं ताकि वे अपनी कार्य क्षमता को कुशलता पूर्वक प्रयोग कर सकें।

घरों में हाउसकीपिंग का कार्य करने वाले लोग भी अपनी कार में आते हैं। मेरे मेजबान श्री सक्सेना के घर पर सैली नामक एक अंग्रेज महिला हाउसकीपिंग हेतु (झाडू-पोंछा आदि घरेलू कार्य) आती है। घर की एक चाबी सैली के पास ही रहती है लेकिन मजाल कि कोई चीज इधर से उधर हो जाये। सैली अपने सौन्दर्य एवं रहन-सहन से कहीं भी हाउसकीपिंग का कार्य करने वाली नहीं लगती थी। वह पूरे घर की डस्टिंग (धूल झाड़ने का कार्य) करती थी, बाथरूम एवं घर जो यद्यपि कहीं से भी गन्दा नहीं होता उसे व्यवस्थित करती थी। धुलने के लिए रखे कपड़ों को मशीन में डालकर धुलने के बाद सुखाती थी। धुले कपड़ों पर प्रेस करती थी। प्रेस के लिए विशेष प्रकार का स्टैण्ड था जिस पर कपड़े को रखकर खड़े-खड़े प्रेस करती थी। बिस्तर पर बिछी चादरें बदलती थी। चौके को व्यवस्थित करती थी। इस प्रकार के घरेलू अन्यान्य कार्य भी करती थी। हाउसकीपिंग वाली सैली अपनी पगार में प्रति सप्ताह 50 पाउण्ड लेती थी। इसी प्रकार मानचेस्टर मे मेरे मेजबान डॉ. रंजीत सिंह सुमरा और बर्मिंघम में मेरे मेजबान डॉ. नरेन्द्र अग्रवाल के यहाँ भी इस प्रकार के गार्डनर व हाउसकीपिंग वाले लोग दिखें

रिवर व्यू नामक मकान में रहने वाले मेरे मित्र श्री सी.पी. गुप्ता के कई बोघे में बने लॉन में कार्य करने के लिए आए अंग्रेज माली को देखकर मुझे लगा कि कभी भारतीय लोगों को इन गोरों के यहाँ यही छोटे-छोटे काम करने के लिए लाया गया था। आज भारतीयों के घरों में कार्य करते हुए अंग्रेज को देखकर बदले हुए वक्त और कार्य संस्कृति का अहसास हुआ। उनकी कार्यकुशलता और लगन को देखकर लगा कि अंग्रेजों के अन्दर कार्य संस्कृति है। वे कार्य करने में छोटे-बड़े का अहसास नहीं करते। उनके लिए सारे कार्य सम्मानजनक हैं। कार्य संस्कृति की इस ऊँचाई के कारण ही अंग्रेज दुनिया में अपने को ऊपर की सीढ़ी पर अवस्थित कर सके।

हाउसकीपर सैली की इच्छा भारत घूमने की थी। उसने भारत के लिए अपनी गुल्लक में पैसे भी इकट्ठे कर लिये थे। भारत के बारे में उसने बहुत कुछ सुन रखा था। आगरा के ताजमहल के बारे में प्रायः वह मुझसे पूछती थी। भारत और भारत की संस्कृति के प्रति उसका अनुराग देखकर मुझे बहुत अच्छा लगा।

मानचेस्टर के कवि दरबार में भाग लेने के लिए जाते समय हम लोगों को बर्मिंघम में एक ढावे पर खाना खिलाया गया। ढावा एक भारतीय मूल के व्यक्ति का था। ढावे पर वेटर का कार्य करने वाली एक बहुत सुन्दर अंग्रेज युवती थी। सब ने खाने से ज्यादा उस युवती पर ध्यान दिया। जगदीश चतुर्वेदी और सुरेश शुक्ल ने तो उसके सौन्दर्य को भी अपनी-अपनी कलम से कूंची की तरह उतार कर प्रस्तुत

किया। मुझे उसके सौन्दर्य के साथ-साथ उसकी सरलता और भारतीय परम्परा में मेहमान नवाजी के प्रति उसके समर्पण ने बहुत प्रभावित किया। मुझे ज्यों ही मौका मिला मैंने उसके बारे में जानने वाले प्रश्न दाग दिये। मेरे प्रश्नों का उत्तर उसने बहुत सरलता से दिया। मैंने उसे भारत आने का निमंत्रण जब दिया तो उसने भारत में अम्बाला में रहकर अपने दादा से मिलने की इच्छा जताई। मेरे प्रश्न का उत्तर मिल गया था। जो भारतीय संस्कार उसमें दिखे वे उसे भारत से जोड़ रहे थे। दरअसल उसकी माँ अंग्रेज थी और पिता अम्बालावासी एक भारतीय। इण्डो-ब्रिटिश सौन्दर्य की देवी की उपस्थिति उस ढावे में भारतीय संस्कारों के साथ खाना परोसने आदि की अदा से भारत के घर जैसा वातावरण पैदा कर सभी का ध्यान आकर्षित कर रही थी। कार्य संस्कृति के उदाहरण हमें सर्वत्र दिखाई दिये। पार्क में कूड़ा बीनने के लिए हाथ में डस्टबिन लिए अंग्रेजों की कर्तव्य परायणता ने भी सबका ध्यान आकर्षित किया।

पर्यटन

इंग्लैण्ड में पर्यटन एक बहुत बड़ा उद्योग है। ये इंग्लैण्ड के सफलतम तीन उद्योगों में से एक है। पर्यटन के लिए आवश्यक इतिहास, भूगोल, कला, संस्कृति, विज्ञान, स्थापत्य, मनोरंजन, साहित्य सब कुछ अपनी विशिष्टता के साथ इंग्लैण्ड में उपलब्ध है। छोटे से देश का बड़ा इतिहास हर पर्यटक के लिए कुछ न कुछ प्रस्तुत करने के लिए सक्षम है, इसलिए इंग्लैण्ड का पर्यटन उद्योग दुनिया के सफलतम उद्योगों में से एक बन गया है।

पर्यटक सुविधाओं की दृष्टि से इंग्लैण्ड में अंग्रेजी भाषा से लेकर विश्व की प्रमुख सभी भाषाओं में पर्यटक साहित्य उपलब्ध है। जिसे रेलवे स्टेशन, बस स्टैण्ड, एयरपोर्ट, बाजार, पर्यटक स्थलों एवं अन्य विभिन्न स्थानों पर निःशुल्क प्रदर्शित एवं वितरित किया जाता है।

रेलवे स्टेशन, बस स्टैण्ड तथा एयरपोर्ट आदि पर पर्यटन विभाग के लोग आगन्तुकों की सहायता के लिए खड़े रहते हैं। वे न सिर्फ आगन्तुकों का पथ प्रदर्शन करते हैं बल्कि उनके रहने आदि की सुविधाओं के लिए सूचनाएँ आदि उपलब्ध कराते हैं। एक अन्जान व्यक्ति को सूचनाएँ प्रदान कर वे उसे जानकार सा बना देते हैं। आगन्तुकों हेतु ये निःशुल्क सेवाएँ निश्चित रूप से पर्यटन के असली संदेश को दे देती हैं।

इंग्लैण्ड में इतिहास बयान करते किले बहुतायत में हैं। इंग्लैण्ड के हर क्षेत्र में ऐसे किले मिल जाते हैं जो किसी न किसी रूप में इतिहास का हिस्सा रहे हैं। इनका स्थापत्य एवं उनमें संग्रहीत कला-कृतियाँ और मूर्तियाँ इंग्लैण्ड की अनमोल विरासत हैं। वे (किले) हर आने वाले को रोक-रोक कर बताना चाहते हैं कि ये है हमारा अतीत, वह हम ही हैं जिन्होंने पूरे विश्व को प्रभावित किया है।

बाजार

इंग्लैण्ड दुकानदारों का देश (शॉपकीपर्स कंट्री) है। दुकानदारों की प्रवृत्ति में ग्राहक (फायदा देने वाला) उसका दोस्त होता है। उससे उसके सम्बन्ध व्यावसायिक होते हैं। उसका व्यावसायिक दृष्टिकोण एक सम्पूर्ण विषय बन गया। उनकी व्यावसायिक विशेषज्ञता बहुत सारे क्षेत्रों में उन्हें विश्व में नम्बर एक स्थान पर आज भी अवस्थित किये हुए है। अनुसंधान और विकास कार्य में अमेरिका भले ही इंग्लैण्ड को मात देने लगा हो लेकिन इंग्लैण्ड की विशेषज्ञता का लोहा अवश्य मानता है।

इंग्लैण्ड में बाजार की नई अवधारणा शॉपिंग मॉल के रूप में 20वीं सदी के अन्तिम दशक के आस-पास आ गयी थी। सुई से लेकर कार तक की बिक्री एक ही छत के नीचे इन शॉपिंग मॉल में होने लगी। बाजार का ये रूप समय की माँग को पूरा करने के लिए आवश्यक था। छोटी-छोटी दुकानों में सजा बाजार ग्राहकों की कारें खड़ी कराने हेतु स्थान उपलब्ध कराने और हर ग्राहक को अपनी दुकान में अन्दर सामान दिखाने की स्थिति में नहीं था। नई मार्केटिंग तकनीक उन्हें यह बता चुकी थी कि अगर एक बड़ी छत के नीचे व्यक्ति की आवश्यकता की सभी चीजें मिल जायेगी तो उसे जगह-जगह भागना नहीं पड़ेगा और पार्किंग आदि की परेशानियों से नहीं गुजरना पड़ेगा। मोलभाव की गुजांइश को समाप्त करने के लिए वस्तुओं के मूल्य लिखकर प्रदर्शित करने तथा ग्राहक को बेरोकटोक देखने देने पर ग्राहक द्वारा अधिक खरीदारी किये जाने की संभावनाओं का पूर्ण फायदा उठाया गया है।

शॉपिंग मॉल प्रदर्शनी के साथ-साथ बाजार का काम भी करते हैं। नए-नए उत्पाद जब यहाँ ग्राहकों के सामने प्रदर्शित होते हैं तो उनकी माँग ग्राहकों में अपने आप हो जाती है। प्रचार तंत्र में आगे आई तकनीकि ने अखबार से लेकर ऑडियो विजुअल एवं डिजिटल तकनीकि के सहारे कम्पनियों के उत्पाद की सूचना एक-एक व्यक्ति तक पहुँचाने की व्यवस्था कर गंजों को कंघे बेचने में सफलता हासिल कर ली है।

मूल्य चुकाने के लिए बैंक काउण्टर तथा क्रेडिट कार्ड की सुविधाएँ भी यहाँ मौजूद रहती हैं। जगह-जगह लगे कैमरों के माध्यम से सिक्योरिटी वाले रुम में लगे टी.वी. स्क्रीन द्वारा सभी तलों और सभी कक्षों में घूम रहे सभी ग्राहकों पर नजर रखी जाती है। बिना मूल्य चुकाए अगर कोई वस्तु लेकर बाहर जाता है तो सिक्योरिटी बैल अर्थात् सरक्षा घण्टी बज जाती है। सिक्योरिटी वाले सामान की तलाशी लेने लगते हैं और यदि किसी ने बिना अदायगी के कोई सामान रख लिया होता है तो उसे वापस बुला लेते हैं। अगर भूलवश किसी ने रख लिया और पूछने पर अपनी गलती स्वीकार कर ली और क्षमा माँग ली तो कानूनी कार्यवाही के बगैर छोड़ भी देते हैं अन्यथा कानूनी कार्यवाही भी कर देते हैं जिसमें चोरी का मुकदमा कायम

हो जाता है।

ग्राहक यहाँ गेट पर ही रखी ठेलियाँ (ट्रॉली) लेकर अन्दर चलते हैं। अपनी पसंद का सामान उठाकर ट्रॉली में डालते जाते हैं और अन्त में अदायगी काउण्टर पर पहुँचकर उन वस्तुओं का मूल्य अदा कर ट्रॉली के साथ चले जाते हैं। ट्रॉली अपनी गाड़ी तक ले जाना अनुमन्य है। यहाँ से इकट्ठी कर शॉपिंग मॉल के कर्मचारी उन्हें अन्दर गेट पर पुनः पहुँचा देते हैं।

सेन्सवरी, मार्क्स एण्ड स्पेन्सर, नेशनल, सैल्फ्रिजिज आदि ऐसे ही डिपार्टमेन्टल स्टोर हैं। इनमें हर कम्पनी का सामान मिलता है। शॉपिंग मॉल में ग्राहक सेवा काउण्टर भी होता है जो ग्राहकों की समस्याओं का निवारण करता है। उपरोक्त सभी शॉपिंग मॉल में मुझे जाने का अवसर मिला। ये पूर्ण रूपेण वातानुकूलित बड़े-बड़े हॉल होते हैं। इनमें कई-कई मंजिलें होती हैं, जिनमें पहुँचने के लिए स्वचालित सीढ़ियाँ एवं लिफ्ट कार्यरत रहती हैं। अन्दर का वातावरण बहुत ही सुखद होता है। प्रवेश द्वार के पास फोटोग्राफर की शॉप होती है जिसमें रील को धुलने आदि का कार्य होता है। ये अवस्थित (लोकेशन) इसलिए होती है ताकि जब तक आप अन्दर से अपनी खरीददारी करके लौटें तो आपकी रील धुल चुकी हो और फोटो प्रिंट होकर काउण्टर पर आ चुके हों। इस प्रकार एक व्यक्ति को फोटो जैसे कार्य के लिए दो बार न आना पड़े। इसी प्रकार ड्राईक्लीन एवं कुछ अन्य रिपेयर आदि के कार्यों की दुकान भी प्रवेश द्वार के पास ही होती हैं।

शॉपिंग मॉल में एनाउन्समेन्ट व्यवस्था भी रहती है। यदि व्यवस्थापकों को कोई सूचना देनी हो तो उद्घोषक के माध्यम से दे सकते हैं। यह उद्घोषणा काउण्टर प्रचार आदि के काम में उपयोगी सिद्ध होता है।

अन्दर घूमते-घूमते यदि थक जायें और आपका मन चाय पीने का करे या भूख लगने पर खाना खाने का मन करे तो रेस्ट्रां भी यहाँ अन्दर ही होता है। ये सारी सुविधाएँ अन्ततः मार्केटिंग रणनीति का हिस्सा होती हैं ताकि अन्दर की दुकानों को ग्राहकों की कमी न पड़े। एक बार बाहर निकल गया ग्राहक कब लौटेगा कोई नहीं जानता, इसलिए वे किसी भी तरह अपने परिक्षेत्र में आये ग्राहक को वापस नहीं लौटने देना चाहते। विदेशी मुद्रा का कोई भुगतान करना चाहे तो उसके लिए भी यहाँ करेंसी विनिमय की दुकानें रहती हैं। कुल मिलाकर इनका अभिप्राय यह है कि ग्राहक को विभिन्न प्रलोभनों के साथ बुलाया जाये, हर सुविधा दी जाये ताकि ग्राहक अपनी हर जरूरत का सामान खरीदकर ही वापस जाने पाये। गुणवत्ता, विश्वसनीयता एवं सुविधाओं के कारण यहाँ अधिक मूल्य देकर भी लोग अपनी आवश्यकता की वस्तुएँ खरीदना चाहते हैं।

शैक्षिक एवं सांस्कृतिक परिदृश्य

शिक्षा

सामाजिक प्रगति का आधार होने के कारण शिक्षा के प्रतिशत और उसके स्तर से किसी भी देश की सामाजिक स्थिति का अनुमान लगाया जा सकता है। ब्रिटिश समाज की उन्नति के पीछे शिक्षा की भूमिका का अनुमान सहज ही लगाया जा सकता है। पुरातन और नूतन विषयों के साथ-साथ वैज्ञानिक शिक्षा पर बल देने के कारण इंग्लैण्ड वैज्ञानिक एवं तकनीकी शिखर पर पहुँचने में कामयाब हो गया। भारोत्तोलन के सिद्धान्त से लेकर अंतरिक्ष तक की तकनीकी प्रगति का श्रेय इंग्लैण्ड की शिक्षा को ही जाता है।

खुले विचारों वाले इस देश में अनिवार्य शिक्षा का सिद्धान्त लागू है। 16 वर्ष तक के बच्चों के लिए शिक्षा की अनिवार्यता है। 18 वर्ष तक के बच्चों के लिए शिक्षा निःशुल्क है। प्राथमिक और माध्यमिक शिक्षा की जिम्मेदारी इंग्लैण्ड की बरो कही जाने वाली नगर परिषद की है।

भारत की तरह अधिकांश स्कूल सरकारी क्षेत्र में है। कुछ स्कूल निजी क्षेत्र में भी हैं। भारत में तो प्राथमिक स्कूल भी निजी क्षेत्र में हैं लेकिन इंग्लैण्ड में प्राथमिक स्कूल केवल सरकारी क्षेत्र में हैं। माध्यमिक स्कूलों में से कुछ निजी क्षेत्र में हैं जिन्हें 'पब्लिक स्कूल' कहा जाता है। ब्रिटेन का प्रसिद्ध हेरो पब्लिक स्कूल एवं कैम्ब्रिज स्कूल भारत में नेहरु जी की शिक्षा के कारण काफी प्रसिद्ध हैं। अनिवार्य शिक्षा के सिद्धान्त के कारण इंग्लैण्ड में साक्षरता का प्रतिशत शत-प्रतिशत है। व्यावहारिक शिक्षा पर विशेष बल दिया जाता है। शिक्षकों के वेतन छोटे स्कूल में पढ़ाने मात्र के कारण बहुत कम नहीं होते हैं बल्कि उनकी योग्यता के आधार पर कम-ज्यादा होते हैं। पाठ्यक्रम के अतिरिक्त एक्स्ट्रा करिकुलर एक्टीविटिज के प्रति बच्चों की रूचि देखकर उन्हें उसमें विशेषज्ञता हासिल करने के लिए सुविधाएँ प्रदान की जाती है।

शिक्षित होकर यदि कोई भी अंधविश्वासी बना रहे तो फिर शिक्षा किस काम की? क्या, क्यों और कैसे का सिद्धान्त लागू कर शिक्षा को विज्ञानपरक बनाया गया है। नित नए अनुसंधानों को लागू कर शिक्षा में गतिरोध नहीं आने दिया गया। शिक्षा की नई से नई तकनीकि को लागू कर शिक्षा को गतिशील और समय-साक्ष्य बनाया

गया है। कम्प्यूटर एवं प्रोजेक्टर आदि का प्रयोग कर शिक्षा को सुगम बनाने का प्रयास किया गया है।

पुस्तकालयों की व्यवस्था पर बहुत ध्यान दिया गया है। विद्यालयों में सामान्य पुस्तकालय के अतिरिक्त विभिन्न विभागों में अपने-अपने पुस्तकालय हैं। इसके अतिरिक्त प्रत्येक मुहल्ले और इलाके के अपने पुस्तकालय हैं, जहाँ बच्चे, बूढ़े और जवान सब बैठकर पढ़ते हैं। पुस्तकालयों में मूलभूत सुविधाओं का ध्यान रखा गया है। पुस्तक सूची (इंडेक्स) वैब साइट, सी.डी. इत्यादि अत्याधुनिक सुविधाएँ उपलब्ध हैं। ब्रिटिश म्यूजियम लाइब्रेरी बहुत प्रसिद्ध पुस्तकालय है जिसमें कभी कार्लमार्क्स, जॉर्ज बर्नाडशॉ और गाँधी जी भी पढ़ते थे।

ब्रिटेन में शिक्षा माँ-बाप और बच्चों पर अतिशय वजन डालने वाली नहीं है। शिक्षा को रोजगार परक भी बनाया गया है। काष्ठ-कला कारीगरी शिक्षा का पाठ्यक्रम है।

'ओ' लेवल भारत के दसवीं कक्षा के बराबर माना जाता है। अधिकांश स्कूलों में सह-शिक्षा का प्राविधान है। खेलकूद की व्यवस्था अच्छी है। परीक्षा की व्यवस्था ग्रेड्स में है। शिक्षक और विद्यार्थी में नजदीकी का रिश्ता रहता है, जिसका कारण कदाचित कक्षाओं में विद्यार्थियों की सीमित संख्या है। बोर्डिंग की व्यवस्था भी निजी क्षेत्र के स्कूलों में है। उच्च शिक्षा में यह व्यवस्था सामान्य है।

उच्च शिक्षा के क्षेत्र में भी इंग्लैण्ड ने प्रतिमान स्थापित किये हैं। ऑक्सफोर्ड, कैम्ब्रिज एवं लंदन विश्वविद्यालय के साथ-साथ लंदन स्कूल ऑफ इकोनॉमिक्स एण्ड पोलिटीकल साइंस, इम्पीरियल कॉलेज ऑफ साइंस टैक्नोलॉजी एण्ड मेडिसीन आदि बहुत ही प्रसिद्ध संस्थान हैं।

विशेषज्ञता (प्रोफेशनलिज्म) इंग्लैण्ड की शिक्षा पद्धति का विशेष गुण है। एक क्षेत्र विशेष चुनकर उसका सब कुछ जान लेने के कारण वे विशेषज्ञ बन जाते हैं और फिर अपने विषय में नेतृत्व प्रदान करने लगते हैं। इससे एक ऐसा वातावरण कायम होता है जिसमें विषय की गहराई तक जाने की प्रवृत्ति स्वतः पैदा होती है। किसी भी बात को यों ही मान लेने की प्रवृत्ति समाप्त होती है। इससे अन्वेषणात्मकता को बढ़ावा मिलता है। अंधानुकरण और अन्धविश्वास जैसी स्थितियों का सफाया होता है। शिक्षा स्वयं में एक ऐसा आलोक बन जाती है जो जीवन के अंधेरे को दूर करती है।

संस्कृति

संस्कृति समाज एवं सभ्यता की ऐसी संचित निधि है जो परिष्कार द्वारा निरन्तर प्रगति करती हुई उत्तराधिकारी पीढ़ियों को उत्तराधिकार में प्राप्त होती रहती है। संस्कृति की अभिव्यक्ति कला, साहित्य, दर्शन, संगीत आदि के रूप में होती है।

इंग्लैण्ड की धरती सांस्कृतिक समन्वय की धरती है जहाँ विभिन्न संस्कृतियों का संगम है। दोनों गोलार्द्धों में शासन के कारण इंग्लैण्ड में विभिन्न सांस्कृतिक क्षेत्रों के लोगों का आवागमन और आब्रजन हुआ है, इसलिए इंग्लैण्ड **सांस्कृतिक संगम** की धरती बन गया है। सांस्कृतिक विविधता में एकता के लिए जरूरी 'सर्वधर्म समभाव' का सिद्धान्त इंग्लैण्ड में काफी पहले से प्रचलित था।

चर्च और मुकुट अर्थात् पोप और सम्राट के बीच श्रेष्ठता की रस्सा कसी के दौरान इंग्लैण्ड धार्मिक एवं राजनैतिक सत्ता के बीच एक स्पष्ट विभाजन रेखा खींचने की नीयत से **धर्म निरपेक्षता** (सेकूलरिज्म) के सिद्धान्त को विकसित कर चुका था। 18वीं सदी में औद्योगिक क्रान्ति और उसके बाद तैयार माल की खपत एवं कच्चे माल के लिए उपनिवेशों की खोज और फिर साम्राज्यवाद के दौर में **'श्वेत जन भार'** (व्हाइट मैन्स बर्डन) और **'रंगभेद'** (अपारथाइड) जैसे सिद्धान्त भी पनपे।

द्वितीय विश्व युद्ध के बाद इंग्लैण्ड एक 'बहुसम्प्रदायी समाज' (मल्टीएथनिक सोसाइटी) के रूप में विकसित होकर सह-अस्तित्व (को-एक्जिस्टेन्स) की सांस्कृतिक परम्परा के विकास में संलग्न है। बावजूद इसके इंग्लैण्ड की स्कॉटलैण्ड, वैल्स और आयरलैण्ड की अपनी विरासत है। उनके रीति-रिवाज, पहनावे, मान्यताएँ बहुत हद तक मिलने के बाद भी अपनी-अपनी अलग पहचान बनाये हुए है। स्कॉटलैण्ड की वेशभूषा, बैण्ड, घरों की बनावट इत्यादि में भेद की बारीक रेखाएँ अवस्थित हैं।

भारतीय मूल के जो परिवार सभ्यता की नई हवा के झोंको में भी अपनी संस्कृति को मजबूती से पकड़े हुए खड़े दिखाई दिये। उनका झुकाव आज भी भारत की परम्पराओं में है। वे भारतीय परम्पराओं के साथ अपनी अलग पहचान बनाने में अधिक गौरवान्वित महसूस करते हैं। उनके विचारों में मूलभूत परिवर्तन नजर नहीं आया। नए और पुराने के बीच जो समन्वय उन्होंने किया है, वह अद्भुत है।

स्थापत्य

इंग्लैण्ड का स्थापत्य (शिल्प कला) इतिहास के साथ-साथ चलता है। रोमन काल का स्थापत्य 'टेम्पल ऑफ मिथरांस' के रूप में दृष्टव्य है। सैक्सन (जर्मन) काल का 'इन सितू चर्च' नार्मन (जर्मन) काल का 'व्हाइट टावर', मध्य काल का 'वेस्टमिन्स्टर' एवं अपनी गॉथिक शैली का 'सेंट ऐ मिनवर्माथे', एवं 'ज्वैल टॉवर'। सर क्रिस्टोफर रैन (1632-1723), निकोलस हक्समूर (1661-1736) जॉननास आदि स्थापत्य कला के प्रसिद्ध नाम हैं।

समकालीन स्थापत्य में नोरमन फोस्टर का नाम बड़े आदर के साथ लिया जाता है। ब्रिटिश आर्ट नौव्यू कला एवं क्राफ्ट आन्दोलन को रेखांकित करने वाला 19वीं सदी का आन्दोलन था जो विलियम मोरिस (1834-1896) द्वारा शुरू किया गया था जिसमें उन्होंने स्थापत्य के साथ परिकल्पना (डिजाइन) को एक साथ प्रस्तुत

करने का प्रयास किया था। समकालीन स्थापत्य के महत्वपूर्ण नमूने हैं- कनाडा स्क्वायर, रोजर्स, इनसाइड आउट इत्यादि जिनमें स्टेनलैस स्टील, शीशा, पाइप इत्यादि का प्रयोग बहुतायत में किया गया है।

चित्रकला

इंग्लैण्ड में कला को बहुत महत्व मिला है। संग्रहालयों एवं आर्ट गैलरियों में चित्रकला का प्रदर्शन इंग्लैण्ड का कला के प्रति अनुराग प्रदर्शित करता है। विलियम होगार्थ (1697-1764) एक महत्वपूर्ण नाम है। होगार्थ की कृतियां टेट ब्रिटेन तथा नेशनल म्यूजियम में दृष्टव्य हैं। विलियम ब्लैक (1757-1827) जिसने मिल्टन के पैराडाइज लोस्ट को रूपायित किया है। ब्लैक की कृतियाँ भी टेट ब्रिटेन में उपलब्ध हैं। जॉन कांस्टेबल (1736-1837) की बर्फीला तूफान (स्नो स्टोर्म) बहुत प्रसिद्ध है। समकालीन चित्रकला में डैनिम हर्स्ट, चैपमेन ब्रदर्स और ल्यूसिन फ्राइड प्रसिद्ध नाम हैं।

रंगमंच

शेक्सपियर जैसे नाटककार और थियेटर कही जाने वाली रंगशाला के होने से इंग्लैण्ड ने इस क्षेत्र में सर्वाधिक प्रगति की है। थियेटर का निर्माण जेम्स बरवेज ने सन् 1576 में करवाया था। 18वीं सदी तक थियेटर अपने पाँव जमा चुका था। 1728 में जोन गे ने बैगर्स ओपेरा लिखा। ओस्कर विल्डे (1854-1900) ने (आदर्श पति) आइडियल हसबैण्ड जैसे सुखान्त नाटक लिखें जॉर्ज बर्नाड शॉ (1856-1950) ने 'मेजर बारवरा', 'एण्ड्रोक्लीज' आदि नाटकों को प्रस्तुत किया। समकालीन नामों में आइकवार्न, माइकल फ्रायन और कोनर मैकफर्सन के नाम बहुत प्रसिद्ध हैं।

लंदन के लेस्टर स्क्वायर क्षेत्र में एक नई विधा देखने को मिली जिसमें कलाकार अपने चेहरों को सफेदी से रंगे हुए एक जीवित मूर्ति के रूप में प्रस्तुत कर अपने आस-पास से गुजरने वाले बच्चे, बूढ़े, पर्यटकों को आकर्षित किया जाता है। दर्शक अपनी जेबों से कुछ सिक्के निकालकर फेंक देते हैं जिन्हें बाद में ये अभिनयकर्ता उठा लेते हैं। इनमें कोई कहानी नहीं होती है बल्कि चेहरे के हाव-भाव का प्रदर्शन मात्र होता है।

संगीत

स्थिर को चलायमान और चलायमान को स्थिर कर देने की क्षमता वाला संगीत इंग्लैण्ड की धरती पर अपने पुराने और नए रूपों में विद्यमान हैं। इंग्लैण्ड के शास्त्रीय संगीत (क्लासिक म्यूजिक) में हन्डेल (1712-1753) का नाम आदर के साथ लिया जाता है। शास्त्रीय और पॉप संगीत के बीच की विधा कॉमिक ओपेरा (हास्य गीत नाटिका) के लिए गिल्वर्ट और सलीवन तथा समकालीन जनप्रिय संगीत के क्षेत्र में

डेविड बोवी, मार्क बोलन और ब्रायन फैरी तथा उनके बैण्ड फ्लीट वुड, डीप पर्पल और जैनेसिसि आदि के नाम बहुत चर्चित हैं। 'सिम्फोनी ऑर्केस्ट्रा' इंग्लैण्ड का प्रसिद्ध ऑकेस्ट्रा है। इंग्लैण्ड की 4 सिम्फोनी ऑकेस्ट्रा कम्पनियाँ विश्व प्रसिद्ध हैं।

स्कॉटलैण्ड का बैण्ड अपनी अलग पहचान लिए हुए है जो आज भी अपने शास्त्रीय परम्पराओं के साथ संचालित है। स्कॉटलैण्ड का बैण्ड तो उनका पहचान चिन्ह बन गया है। स्कॉच कही जाने वाली स्कॉटलैण्उ की ह्विस्की शराब की बोतलों के पैक पर स्कॉटिश बैण्ड का चित्र बना रहता है। स्कॉटलैण्ड का सोविनियर अर्थात् स्मृति चिन्ह भी स्कॉटिश बैण्ड हैं।

भारतीय संगीत के कार्यक्रम अपनी परम्पराओं के अनुसार समय-समय पर होते रहते हैं। भारतीय विद्या भवन में इस प्रकार के कार्यक्रम प्रायः आयोजित होते हैं। भारत से बुलाये गये संगीतज्ञों या सितारों के कार्यक्रम भी बड़ी धूमधाम से आयोजित किये जाते हैं।

नृत्य

विभिन्न समारोहों में नृत्य की परम्परा यूरोप के अन्य देशों की भाँति इंग्लैण्ड में भी बहुत पुरानी है। 'मोरिस डांस' इंग्लैण्ड का बहुत प्रसिद्ध लोक नृत्य (फॉल्क डांस) है और इसी नृत्य से जुड़ा प्रसिद्ध नाम जोन का है। आज इंग्लैण्ड में 5 मुख्य नृत्य कम्पनियाँ हैं जिनमें कोर्प्स-डि-बैले एवं लंदन कन्टेम्परेरी डांस थिएटर आदि का नाम बहुत प्रसिद्ध है।

विभिन्न होटलों, पब (पब्लिक बार) आदि में युवा पीढ़ी को आकर्षित करने वाला डिस्को डांस अब राष्ट्रीय दीवारों को लांघ चुका है। इंग्लैण्ड के हर गली-मौहल्ले में पब और पब के साथ डिस्को डांस की परम्परा दिखायी देती है। डी.जे. अर्थात् **डिस्को ज्वाइंट** में नवयुवक और नवयुवतियां प्रायः प्रतिदिन और विशेष रूप से सप्ताहान्त में एकत्र होते और बीयर आदि पेय पदार्थों का सेवन कर साथ-साथ डांस करते हैं। डांस में युगल नृत्य की छटाएँ बहुत आकर्षक एवं उन्मादक होती हैं। जवानी का नशा अपने आप में संभाले नहीं संभलता ऊपर से शराव का नशा और उस पर भी जोरदार संगीत जिसमें बुड्ढों के भी पैर थिरकने लगें, ऐसे में युवा पीढ़ी को कौन दोष दे सकता है। मस्ती ही इन नृत्यों की एक मात्र संस्कृति है। यहाँ आने वालों की वेशभूषा और क्रियाकलाप किसी को भी विश्वामित्र बना सकते हैं।

सारी उच्छृंखलताओं के बावजूद छेड़खानी, जोर-जवरदस्ती या व्यंग आदि की घटनाओं की शून्यता इन नृत्यों की पवित्रता है। देर रात वल्कि पौ फटने तक चलने वाली मस्ती दुनिया भर के जंजालों में फंसे इंसान को कुछ समय के लिए सारे तनावों से मुक्त कर देती है। इन नृत्यों की ग्राह्यता और प्रसिद्धि का सबसे बड़ा कारण यही है। सप्ताहान्त में तो इन डिस्को ज्वाइंट्स में पैर रखने की जगह नहीं मिलती।

भारत में भी अब महानगरों में पंच सितारा होटलों में मर्यादित सीमा में इस प्रकार के नृत्य सम्पन्न होने लगे हैं जिनमें प्रवेश की शर्त पार्टनर का होना है। नई संस्कृति के इन आकर्षणों से पुरानी संस्कृति को भले ही धक्का लगे लेकिन समय की नियति यही है।

हाल के वर्षों में **समलैंगिक क्लबों** की स्थापना भी हो गयी है। गे क्लब कहे जाने वाले इन समलैंगिक क्लबों में समलैंगिक लोगों का जमावाड़ा होता है। मार्दी ग्रास फैस्टीवल इस प्रकार के जीवों का सालाना उत्सव है।

परिधान

इंग्लैण्ड की औद्योगिक क्रान्ति ने वस्त्रों की विविधता और गुणवत्ता के नए सोपान स्थापित किये हैं, परन्तु परम्परागत परिधान केवल शादी के समय ही देखे जाते हैं। शादी के लिए लड़की एक विशेष प्रकार के वैडिंग गाउन कहे जाने वाले सफेद वस्त्र धारण करती है। सामान्य परिस्थितियों में महिलाएँ स्कर्ट और ब्लाउज पहनती हैं। सर्दियों में लम्बे कोट और लम्बे मोजे (स्टोकिंग्स) तथा लम्बे बूट पहनने की परम्परा है। विशेष प्रकार का चैक (जो ब्रिटिश चैक कहलाता है) का सूट प्रायः पुराने लोगों में पहनने की परम्परा है। टाई और छोटी टाई (बटरफ्लाई टाई) की भी परम्परा है, लेकिन युवा पीढ़ी में कोई परम्परा नहीं है। वे परिधानानुशासन से मुक्त हैं।

स्कॉटलैण्ड अपनी परम्परागत वेशभूषा के लिए प्रसिद्ध है। किल्ट कहे जाने वाली विशेष प्रकार की स्कॉटिश चैक की स्कर्ट और एक खुकरीनुमा चाकू रखने वाली परम्परा स्कॉटिश लोगों में आज भी विद्यमान है। ये चैक उनकी जनजाति के आधार पर अलग-अलग होती है। इसी प्रकार महिलाएँ भी एक विशेष प्रकार की स्कॉटिश चैक के वस्त्रों का प्रयोग करती हैं। ये स्कॉटलैण्ड की परम्परागत वेशभूषा है। युवा पीढ़ी ने यहाँ भी काफी हद तक अपनी मर्जी की वेशभूषा को अपना लिया है। क्रिश्चयन चर्च में सिर खुला रखा जाता है जबकि मन्दिर-मस्जिद में ढका जाता है। कुछ क्लवों की अपनी परम्परा के मुताबिक कुछ ड्रेस कोड है बाकी इंग्लैण्ड में कोई ड्रेस कोड नहीं है।

खान-पान

ब्रिटिश लोग खान-पान के सम्बन्ध में बहुत संवेदनशील हैं। ब्रिटिश खान-पान में मशालों एवं चिकनाई का प्रयोग कम होता है। नमक और मिर्च का प्रयोग भी अपेक्षतया कम ही होता है। नाश्ते में दलिया, पोरिज, कॉर्नफ्लैक्स आदि तरल पदार्थ (दूध/जूस) के साथ-साथ कई प्रकार की ब्रेड (जिसमें चोकर के दाने दिखते हैं), मक्खन, सौसेज, अण्डे, चीज एवं ताजा फलों आदि का प्रयोग किया जाता है। नाश्ते में कुछ फलों के जूस अवश्य होते हैं। ब्रिटिश नाश्ता प्रातः आठ बजे से नौ बजे

तक होता है। इसकी मात्रा काफी रखी जाती है ताकि दोपहर में केवल वर्किंग लंच (थोड़ा बहुत स्नेक्स आदि) से काम चल सके।

ब्रिटिश लोगों का डिनर पूर्ण भोजन होता है। डिनर के पूर्व एवं साथ में ड्रिंक लेने की परम्परा एक है। ड्रिंक्स 7 बजे सायं से 8 बजे तक और फिर 8 बजे से 9 बजे तक रात्रि भोज जो अच्छा स्वादिष्ट और पौष्टिक होता है। हार्ड ड्रिंक न लेने वाले सॉफ्ट ड्रिंक लेकर परम्परा का निर्वाह करते हैं। कुछ लोग कोल्ड ड्रिंक लेते हैं। डिनर पूरे परिवार/मित्रों के साथ खाने की परम्परा है। बनाने वाले भी साथ बैठकर खाते हैं। खाने के पश्चात् कॉफी या लिक्योर कहा जाने वाल मद्य पीने की परम्परा एक पुरानी परम्परा है। बन्दगोभी के पत्ते, मूली, शलजम, गाजर आदि को सलाद के रूप में अवश्य परोसा जाता है। समुद्री भोज (सी फूड) की परम्परा भी खाने में सामान्य परम्परा है।

खाने की वस्तुएँ घर में रखे बड़े-बड़े फ्रिज में रखी रहती हैं, जिनमें से निकालकर यदि गर्म किये जाने वाली चीज है तो माइक्रोवेव में गर्म करके परोस दी जाती हैं।

'बार-बे-क्यू' (ताजा-ताजा बनाकर गरमागरम परोसा जाने वाला खाना) की परम्परा का कभी-कभी खुले आंगन में आनन्द पूर्वक उठाया जाता है। भारत में तो बार-बे-क्यू रोज ही होता है। खाने के साथ पानी पीने की परम्परा कम है, इसीलिए पानी को नहीं परोसा जाता। शायद ठण्डा देश होने के कारण पानी की उतनी आवश्यकता भी नहीं होती है, जो होती है वह जूस/कोल्ड ड्रिंक/कॉफी हार्ड ड्रिन्क आदि पेय पदार्थों से पूरी हो जाती है।

इंग्लैण्ड में पाक कला का बहुत महत्व है। यहाँ अच्छे शैफ को बहुत इज्जत और सम्मान मिलता है। लड़कियाँ शादी के पहले ये अवश्य जानना चाहती है कि उनके लिए वर अच्छा खाना बनाना जानता है या नहीं।

घरों में खाना बनाने का कार्य पति-पत्नी तथा घर के अन्य सदस्य मिलजुलकर करते हैं। बर्तन धुलने का कार्य प्रायः घर के पुरुप करते हैं। पार्टी आदि होने पर बर्तनों की धुलाई के लिए डिश वाशर का प्रयोग किया जाता है। भारत की तरह चौके का काम केवल महिलाओं का ही नहीं है। माताएँ अपने बच्चों को सबसे पहले चौके का काम सिखाती हैं ताकि बच्चा कभी भूखा न रहे। आवश्यकता पड़ने पर स्वयं अपना खाना बनाकर खा सके। हारी-बीमारी और थकान की स्थिति में अपनी माँ को भी खिला सके।

खाना अधिकांशतः डिब्बा बन्द अर्थात तैयार मिलता है जिसे सप्ताहान्त में खरीदकर रख लिया जाता है और गर्म करके खाया जाता है। हर तरह की डिश डिब्बा बंद मिलती है जिन्हें बच्चे अपनी आवश्यकता के अनुसार निकालकर खा सकते हैं। कच्ची सब्जियों एवं दालों आदि को भी लेकर रखा जाता है ताकि समय होने पर पकाया जा सके। रोटियों के लिए प्रयोग होने वाला आटा मोटा होता है। उसमें से

चोकर अलग नहीं किया जाता है। चोकर युक्त आटे की रोटियाँ पेट के लिए अच्छी होती हैं।

लंदन के 'साउथ हॉल' कहे जाने वाले क्षेत्र में मक्का दी रोटी और सरसों दा साग आदि भारतीय व्यंजन बहुतायत में मिलते हैं। स्वादिष्ट एवं पाचक होने के कारण भारतीय व्यंजन इंग्लेण्ड में खूब चर्चित एवं परिचित हो रहे हैं, उनकी माँग दिन-प्रतिदिन बढ़ रही है। भारत की 'करी/कढ़ी' इंग्लैण्ड में बहुत पसंद की जाती है।

ब्रिटिश भोजन में बेकरी का महत्व बहुत है। बेकरी से तैयार भोज्य पदार्थ खूब चाव से खाये जाते हैं। प्रायः दोपहर के खाने में इसी प्रकार के भोज्य पदार्थों एवं फलों की बहुतायत होती है।

डिनर के बाद 'सपर' (सोने के पूर्व का खाना) में प्रायः दूध अथवा चाय/कॉफी लिया जात है जो डिनर में खाये हुए चिकने पदार्थों को जमने नहीं देता तथा पाचन में सहयोग करने के साथ-साथ भोजन की नलिकाओं में जमा भोजन को नीचे खिसकाने का कार्य करती है। परम्परागत ब्रिटिश भोज की परम्पराएँ अब समय की मार में कहीं-कहीं टूट रही हैं परन्तु फिर भी कमोवेश चल रही हैं। एक परम्परावादी देश होने के कारण अपनी परम्पराओं को जिन्दा रखना ब्रिटिश लोगों की आदत है।

इंग्लैण्ड में बसे प्रवासी भारतीयों में खाने के लिए जो व्यंजन तैयार किये जाते हैं वह सब स्वादिष्ट और विशुद्ध भारतीय होते हैं। सिर्फ एक चीज विशेष लगी कि जिस मक्का को हम लोग भारत में सिर्फ कॉर्न और खाने के आटे के रूप में प्रयोग करते हैं वहाँ इससे स्वादिष्ट सब्जी और सलाद बनाये जाते हैं। बाकी सब्जियाँ सब लगभग भारत की ही तरह की होती हैं।

इंग्लैण्ड में बसे भारतीयों के सहभोज कार्यक्रम भी बहुत प्रेरणादायक होते हैं। सहभोज कार्यक्रम में सब मिलजुलकर कार्य करते हैं। जो महिलाएँ मेहमान के रूप में आई होती हैं वे मेहमान न बनकर स्वयं मेजबान बन जाती हैं, इससे मेजबान की परेशानी कम हो जाती है तथा आपसी सहयोग की भावनाएँ बढ़ जाती हैं। आखिर इन सहभोजों की मंशा भी तो यही होती है कि उनकी मित्रता और नजदीकी और वढ़े। मेहमान और मेजबान की दूरी कम होने से सहयोग की भावना विकसित होती हैं। औपचारिकता अनौपचारिकता में बदल जाती है। पुरुष मेहमान भी सहयोग करते हैं लेकिन महिलाएँ पुरुषों को ड्रिंक कार्यक्रम के लिए स्वतंत्र छोड़ देती हैं। जव सब मिलजुलकर खाना तैयार कर मेज पर लगा लेती हैं तब सब मिलकर खाना खाते हैं।

खाना खाने के समय अथवा पूर्व में प्रायः एक परिवार को अकेला नहीं होने दिया जाता अर्थात् पति-पत्नी अगर सबके साथ मिक्स-अप होने की बजाय आपस में ही बातें करते हैं तो जरूर कोई न कोई टोक देगा कि घर में क्या लड़ाई करते

रहते हैं अर्थात् व्यक्तिगत बातें घर पर। यहाँ तो सबके साथ मिलजुलकर सावर्जनिक बातें और सर्वानन्द में आनन्द लो।

उत्सव/त्यौहार

इंग्लैण्ड ईसाई बहुल देश है, इसलिए **क्रिसमस** डे का त्यौहार बहुत धूमधाम से मनाया जाता है। ये त्यौहार इंग्लैण्ड के सभी लोगों द्वारा मनाया जाता है, क्योंकि सामान्यतः सभी जगह छुट्टियाँ हो जाती है। चर्च में सामान्य दिनों की अपेक्षा भीड़ अधिक हो जाती है। सप्ताह भर पहले से ही तैयारियां शुरू हो जाती हैं।

दक्षिण भारतीय, बंगाली एवं गुजराती सम्प्रदाय के लोग भी अपने-अपने सम्प्रदायों के पूजा स्थलों एवं सभा स्थलों में एकत्र होकर अपनी-अपनी पीढ़ियों को अपनी परम्पराओं से जोड़ने का प्रयास कर रहे हैं।

लंदन में बुद्ध विहारों की संख्या भी काफी है। बुद्ध विहारों में विभिन्न राष्ट्रीयताओं के लोग एकत्र होकर अपनी पूजा-अर्चना करते हैं। उनमें आने वालों की संख्या अन्य पूजा स्थलों की अपेक्षा अधिक होती है। अपने धार्मिक विचारों विभिन्न माध्यमों से जन-जन तक पहुँचाने में इन बुद्ध विहारों की भूमिका सराहनीय है।

रामलीला, रासलीला एवं रथ यात्रा आदि के माध्यम से इंग्लैण्ड में बसे भारतीय अपने धार्मिक उत्सव एवं सांस्कृतिक क्रिया-कलापों का आयोजन करते रहते हैं। इन सांस्कृतिक आयोजनों ने दूर-दराज के क्षेत्र में बिखरे भारतीयों को जोड़ने का प्रयास किया है। उनकी एकता का ही परिणाम है कि इंग्लैण्ड की संसद एवं अन्य संस्थाओं में भारतीयों को प्रवेश मिला। भारतीय भाषा एवं सांस्कृतिक विकास के लिए भी ब्रितानी सरकार सहायता करने लगी।

क्रिसमस डे अर्थात् 25 दिसम्बर के अवकाश के साथ ही नए वर्ष तक उत्सव जैसा वातावरण रहता है। धरों में क्रिशमस केक बनता है जिसे सभी बाँटते खाते हैं और शुभकामनाएँ और उपहार देते हैं। इसी प्रकार ईस्टर और गुडफ्राइडे को परम्परागत तरीके से मनाया जाता है।

अन्य धर्म-सम्प्रदायों के लोग अपने-अपने धर्म के अनुसार अपने उत्सव आदि मनाते हैं। भारतीयों में होली-दीपावली, दशहरा मुख्य त्यौहार हैं। इन्हें मनाने के लिए हिन्दुओं की समितियाँ बनी हैं जो चंदा इकट्ठा करते हैं और फिर किसी सामुदायिक भवन आदि में अपनी परम्पराओं के अनुसार मनाते हैं।

दशहरा के अवसर पर लंदन में ही पच्चीस हजार के करीब भारतीय इकट्ठे हो जाते हैं। रामलीला का आयोजन होता है। ये रामलीला भारत से भिन्न होती है। तिथि सुविधानुसार भारतीय कलैण्डर के आधार पर पड़ने वाले त्यौहारों की तिथि के पास छुट्टी वाले दिन (शनिवार/रविवार) की रखी जाती है ताकि लोग त्यौहार में आसानी

से सम्मिलित हो सकें। दशहरा मेले में मक्का के भुट्टे, पोपकॉर्न के साथ विभिन्न भारतीय सामान की दुकानें सजती हैं। रामलीला में अंग्रेजी का प्रयोग होता है।

इस अवसर पर संख्या अधिक हो जाने के कारण इसे बड़े पार्क में आयोजित किया जाता है। 1998 का दशहरा बड़े धूमधाम से मनाया गया था। मैंने यू.के. हिन्दी समिति के बुकस्टाल पर बैठकर पूरे मेले का लुत्फ लिया। भारतीयों के जोश को देखकर बहुत अच्छा लगा। भारतीयों की इस भीड़ में कुछ ऐसे चेहरे भी थे जो यूरोपियन लग रहे थे लेकिन वे अपने को भारतीय संस्कृति के साथ प्रस्तुत कर रहे थे।

इसी प्रकार होली, दीपावली के त्यौहार एवं अन्य आयोजन होते हैं। इंग्लैण्ड में बसे बंगाली दुर्गा पूजा का आयोजन करते हैं। इसी तरह गुजराती एवं पंजाबी नवरात्रों का आयोजन करते हैं। लंदन के साउथ हॉल क्षेत्र में तो बैसाखी का पर्व या गुरूगोविन्द सिंह की जयन्ती अथवा गुरू नानक जन्म दिवस के उत्सव भारत की तरह ही बड़ी धूमधाम के साथ मनाए जाते हैं। गुरूद्वारों और मन्दिरों में भी इन आयोजनों को किया जाता है। मन्दिरों में भजन-कीर्तन के कार्यक्रम प्रायः होते हैं। हिन्दू सोसाइटी में भी इस प्रकार के कार्यक्रम प्रायः होते रहते हैं। इन कार्यक्रमों में भारतीय व्यंजनों को भी परोसा जाता है, लेकिन सब अपने-अपने पैसे से खरीदते हैं।

इंग्लैण्ड में रानी का जन्म दिन या राजकुमार / राजकुमारी की शादी के उत्सव भी बड़ी धूमधाम से मनाये जाते हैं। देश और सारा लंदन शहर इसमें भाग लेता है।

सूर्य स्नान- सूर्य की किरणों में विटामिन 'डी' के तत्व पाये जाने के कारण त्वचा एवं हड्डियों के लिए गुनगुनी धूप लाभप्रद मानी जाती है। ठण्डे देशों में इसी लाभ के लिए लोग धूप निकलने का इंतजार करते रहते हैं और धूप निकलने वाले दिन खुले में न्यूनतम कपड़ों के साथ धूप को शरीर में सोखने के लिए घण्टों धूप में बैठकर सूर्य स्नान करते हैं। फोल्डिंग रैस्ट चेयर पर घनी हरियाली वाले पार्कों में धूप में बैठने की परम्परा लगभग सभी ठण्डे देशों में है लेकिन इंग्लैण्ड में इसका प्रचलन बहुत है। बुजुर्गों की गाड़ियों में इस प्रकार की कुर्सियाँ डिग्गी में पड़ी रहती हैं ताकि धूप के निकलने पर वे इस लाभ को प्राप्त कर सकें। धूप में कुर्सियों पर बैठे लोग अपनी रूचि के उपन्यास, मैगजीन आदि पढ़ते हैं। कुछ पार्कों के पास इस प्रकार की कुर्सियाँ किराये पर भी मिलती हैं। हाइड पार्क, रिचमण्ड पार्क, ग्रीन पार्क, रीजेन्ट पार्क इत्यादि में इस प्रकार के दृश्य सामान्य हैं।

अलिखित संविधान की कानून व्यवस्था

एक सीमित राजतंत्रीय व्यवस्था वाले देश इंग्लैण्ड में राज्य का सर्वोच्च पद राजा/रानी का है। देश की संप्रभु सत्ता भी उन्हीं में निहित है। राजा/रानी अपने राजकीय कार्यों का सम्पादन प्रधानमंत्री और उनकी कैबिनेट के माध्यम से करता/करती है। प्रधानमंत्री हाउस ऑफ कॉमन्स में बहुमत प्राप्त दल का नेता होता है। उनकी कैबिनेट में उनके विश्वास पात्र साथी होते हैं, जिन्हें उनकी सलाह पर राजा/रानी नियुक्त करते हैं। भारत और इंग्लैण्ड में संसदीय प्रणाली के कारण राजनैतिक स्तर पर काफी समानता है। भारत एक गणतंत्रीय व्यवस्था वाला देश है अर्थात् यहाँ के सर्वोच्च पद पर आसीन राष्ट्रपति चुना हुआ प्रतिनिधि होता है जबकि इंग्लैण्ड में वह वंशानुगत होता है।

इंग्लैण्ड के राजा/रानी के बारे में एक कहावत है कि 'किंग केन डू नो रोंग' अर्थात् राजा कुछ भी गलत नहीं कर सकता। यदि इस मुहावरे की व्याख्या करें तो इसका सीधा अर्थ हुआ कि चूंकि राजा/रानी कुछ करते नहीं है अतः गलत करने का कोई प्रश्न ही नहीं उठता। दूसरे यह भी कि राजा/रानी कानून से ऊपर होते हैं। अतः सही और गलत का प्रश्न ही नहीं उठता।

इंग्लैण्ड कानून के राज (रूल ऑफ लॉ) में विश्वास करने वाला प्रजातंत्रीय देश है। यहाँ का संविधान अलिखित है। इसका कुछ हिस्सा अर्थात् मैग्नाकार्टा, बिल ऑफ राइट्स, पिटीशन ऑफ राइट्स, रिफोर्म एक्ट ऑफ 1932, 49 आदि ब्रिटिश प्रशासनिक व्यवस्था में बहुत महत्वपूर्ण भूमिका अदा करते हैं।

भारत में राजशास्त्र के विद्यार्थियों को ब्रिटिश संविधान पढ़ाया भी जाता है। भारत का संविधान चूंकि बहुत कुछ ब्रिटिश संविधान की परम्पराओं पर आधारित है।

ब्रिटिश संविधान में परम्पराओं का बहुत महत्वपूर्ण योगदान है। ये परम्पराएँ ब्रिटेन की स्थापित परम्पराएँ हैं। इनके पीछे कानून भी होते हैं, अतः यदि परम्पराओं का उल्लंघन होता है तो उसके साथ ही किसी न किसी कानून का भी उल्लंघन होता है। ऐसे में कानून के उल्लंघन से बचकर दण्ड से बचने के लिए भी परम्पराओं का निर्वाह आवश्यक होता है। लम्बे समय से परम्पराओं की मान्यता के कारण परम्पराएँ स्वयं अब कानून से भी ज्यादा महत्वपूर्ण हो गयी हैं। कानून के राज द्वारा ब्रिटिश व्यवस्था संचालित है। इसका तात्पर्य है कि इंग्लैण्ड में कानून सर्वोपरि है।

इंग्लैण्ड की कानून व्यवस्था अच्छी है। लोग आदतन कानून का पालन करते हैं। बहुत कम लोग जानबूझकर कानून तोड़ते होंगे। कानून का सख्ती से पालन सुनिश्चित किया जाता है। सामाजिक एवं आर्थिक समस्याओं के समाधान सम्बन्धी निर्णय राजनैतिक स्तर पर ही लिये जाने के कारण अपराधों का ग्राफ ऊँचाई तक नहीं जा पाता।

दुर्घटना की स्थिति में सड़क पर हर दो किलोमीटर पर लगे एस.ओ.एस. फोन सुनकर पुलिस सहायता के लिए तुरन्त पहुँच जाती है और हर संभव मदद करती है। यदि गाड़ी खराब हो गयी हो तो पुलिस वाले गाड़ी के बदले दूसरी गाड़ी भी उपलब्ध करा देते हैं तथा खराब गाडी वर्क शॉप पहुँचवाने में मदद करते हैं। इस सब में जो खर्च आता है उसका बिल जरूर भेज देते है जिसे बीमा कम्पनी द्वारा भुगतान कर दिया जाता है। भुगतान चाहे जो हो लेकिन उस परेशानी में अस्पताल / घर पहुँचाए जाने की व्यवस्था एक महत्वपूर्ण बात है।

कानून व्यवस्था अच्छी होने के कारण पुलिस पर अपराधों को नियंत्रित करने का दवाब भारत जैसा नहीं होता है। अतः पुलिस का व्यवहार मित्रवत रहता है। ब्रिटेन में किसी भी परेशानी में सबसे पहले मदद के लिए पहुँचने वाला ब्रिटिश पुलिस का अधिकारी / कर्मचारी होता है। पुलिस का व्यवहार मृदुभाषी तथा मित्रवत होता है। वे 'सर' कहकर सम्बोधित करते हैं जिसके पीछे मान्यता यह है कि जनता द्वारा दिये गये करों की धनराशि से पुलिस को वेतन मिलता है। अतः वे जनता के नौकर हैं और नौकर को अपने नियोक्ता / मालिक से सम्मानजनक तरीके से ही पेश आना चाहिए। बर्मिंघम से लंदन वापस आते समय रास्ते में कुछ ट्रैफिक जाम की सूचना देकर दूसरे रास्ते से निकलने के लिए निर्देशित करने के लिए जो पुलिस अधिकारी मिला था उसने मेरे मेजबान श्री के.बी.एल. सक्सेना से 'सर' कहकर ही सूचना दी थी। मैं सोच रहा था कि काश भारत की पुलिस का प्रशिक्षण इंग्लैण्ड में होता।

उत्कृष्ट स्थापत्य के प्रतिमान

वैज्ञानिक एवं आर्थिक समृद्धि स्थापत्य और तकनीकी विकास के माध्यम से प्रदर्शित होती है। इंग्लैण्ड की बौद्धिक और आर्थिक समृद्धि का साक्ष्य इंग्लैण्ड की उत्कृष्ट स्थापत्य वाली इमारतों एवं वैज्ञानिक चमत्कारों की लम्बी सूची है। इनमें मुख्य हैं-

सेंट पॉल कथीड्रल

'रिमेम्बर बिफॉर गॉड, दी पीपल ऑफ लंदन 1939-1945' अर्थात् 'ईश्वर से भी पहले लंदन के लोगों (1939-45) को याद करो' सेंट पॉल गिरजाघर के द्वार पर लिखी ये इबारत मानव को ईश्वर से ऊपर मानने का आह्वान नहीं बल्कि द्वितीय विश्व युद्ध में सेंट पॉल कथीड्रल (धार्मिक पीठ) को सुरक्षित रखने में लंदन के जिन लोगों ने अपनी जान गंवा दी थी उन्हें ईश्वर से भी पहले याद किया गया है।

एंग्लिकन चर्च प्रोटेस्टेन्ट चर्च के रूप में प्रतिष्ठित है और रोमन कैथोलिक चर्च कैथोलिक चर्च के रूप में। चर्च हायरारकी के माध्यम से दोनों सम्प्रदायों का नियंत्रण होता है। एंग्लिकन चर्च सेन्टपॉल कथीड्रल के नाम से, कैथोलिक वेस्टमिन्स्टर कंथीड्रल और सेन्ट जोर्जज के नाम से संगठित हैं। कथीड्रल धार्मिक क्षेत्र में विशप के क्षेत्राधिकार (डायोसीज) में मुख्यालय वाली मुख्य चर्च होती है।

सर क्रिस्टोफर रैन द्वारा परिकल्पित 1710 में निर्मित इस गिरजाघर का डोम (गुम्बद) रोम में बने सेंट पीटर्स गिरजाघर के डोम के बाद दुनिया का सबसे बड़ा डोम है। यही वह गिरजाघर है जहाँ ब्रिटिश साम्राज्य के शाही खानदान की शादी एवं अन्तिम संस्कारों की रस्में अदा की जाती हैं। ब्रिटेन द्वारा लड़े गये युद्धों के नायकों को भी इस गिरजाघर के 'लंदन के लोगों का स्मारक' (मोनूमेन्ट टू द पीपल ऑफ लंदन) में याद किया गया है। इन नायकों की फहरिस्त सन् 1991 के कुवैत युद्ध तक आती है। महारानी 'एन' की मूर्ति, ड्यूक ऑफ वेलिंगटन, परि मैमोरियल, अमेरिकन चेपल, स्टोन गैलरी, चिल्ड्रन गैलरी, स्थापत्य एवं मूर्ति कला के महत्वपूर्ण उदाहरण हैं, के आधार पर चारों तरफ बने पैदल पथ को व्हिस्परिंग गैलरी कहा जाता है। इस पैदल परिपथ पर चलते हुए दीवार के पास की बातें 32 मीटर दूर दूसरी तरफ सुनायी देती है।

वेस्टमिन्स्टर आबे

वेस्टमिन्स्टर आबे लंदन का वह महत्वपूर्ण गिरजाघर है जो राजकुमारी डायना की मृत्यु के दौरान टी.वी., कैमरा द्वारा बार-बार दिखाये जाने के कारण विश्व प्रसिद्ध हो गया। यद्यपि ये चर्च कथीड्रल है (विशप का मुख्यालय) लेकिन विशप के क्षेत्राधिकार के मुख्य चर्च (कथीड्रल) के रूप में प्रतिष्ठित नहीं हो पाई परन्तु इंग्लैण्ड के राजनीतिक एवं एंग्लिकन चर्च इतिहास में एक विशिष्ट स्थान रखती है। ऑक्सफोर्ड डिक्शनी के मुताबिक आबे धार्मिक संत (मोंक) एवं नन (महिला संत) के अधिकार वाला एक प्रतिष्ठित चर्च होता है। 11वीं सदी में निर्मित वेस्टमिन्स्टर आबे स्थापत्य की विभिन्न शैलियों के मेल से बनी है। गॉथिक शैली में बनी इस चर्च की कोरोनेशन चेयर पर 1066 के बाद एडवर्ड पंचम और एडवर्ड अष्ट को छोड़कर शेष सभी ब्रिटिश सम्राटों का राज्याभिषेक हुआ है। विशिष्ट ख्याति के राजनेता एवं जनता के अन्य लब्ध प्रतिष्ठ लोगों के स्मारक के रूप में यहाँ संगमरमर की मूर्तियाँ लगी हैं। इनमें पेइप्रस कार्नन में ज्योफरी चौसर, विलियम शेक्सपियर, बायरन, टैनीसन, चार्ल्स डिकिन्स एडमण्ड स्पेन्सर टैनीसन आदि की मूर्तियाँ मुख्य हैं। शेक्यपियर को छोड़कर अन्य यहीं दफनाये गये थे।

टोम्ब ऑफ दि अननोन वारियर (अनजान योद्धा) में विश्व युद्ध में मरे योद्धाओं एवं प्रधानमंत्री विन्टन चर्चिल आदि के स्मारक हैं। साइंटिस्टस कार्नर में इसाक न्यूटन, डार्विन, लॉर्ड स्टेनहाफ, माइकल कराडे, नोबल पुरस्कार विजेता वैज्ञानिक आदि के स्मारक हैं। म्यूजीसियन्स एसले में संगीत निर्माता हेनरी परसिल, वौंघा विलियम्स, एडवर्ड एल्गार और बैंजामिन के स्मारक हैं। बीसवीं सदी के शहीदों में अमेरिकी नागरिक अधिकारों के नेता मार्टिन लूथर किंग, पौलेण्ड के धर्माधिकारी मैक्सीमिलियन (कोल्वे जिन्हें नाजियों ने मार डाला था।) के स्मारक हैं।

बकिंगघम पैलेस

बकिंगघम पैलेस 1837 से इंग्लैण्ड का राजनिवास है। महारानी एलिजाबेथ द्वितीय यहीं रहती हैं। इसके 661 कमरों में से 18 जन सामान्य के दर्शनार्थ कुछ समय के

बकिंगघम पैलेस

लिए खोल दिये जाते हैं। इसके गेट पर लाल रंग का कोट और नीले रंग के पेंट पर लाल धारियों और झब्बे वाला टोप पहने सुरक्षा गार्ड मार्च करते रहते हैं। प्रातः 11.30 बजे सुरक्षा गार्डों की बदली दर्शनीय होती है।

महल में 'क्वीन्स गैलरी' पेन्टिंग्सि मिनियेचर, कार्टून एवं एन्ग्रेविंग आदि का प्रदर्शन बहुत ही आकर्षक एवं मनोहारी है। जोन नास द्वारा परिकल्पित इस महल में गार्ड रूम, स्टेट डाइनिंग रूम, क्वीन विक्टोरिया की चित्र गैलरी, ब्लू ड्राइंग रूम, व्हाइट ड्राइंग रूम, सिंहासन कक्ष (थोर्न रूम) दर्शनीय हैं।

पार्लियामेन्ट

संसदीय प्रणाली और विशिष्ट नव गॉथिक स्थापत्य के लिए प्रसिद्ध ब्रिटिश पार्लियामेन्ट के दोनों सदन (हाउस ऑफ कॉमन्स एवं हाउस ऑफ लॉर्ड्स) टेम्स नदी के किनारे 1849 में बने वेस्टमिन्स्टर पैलेस में स्थित हैं। प्रसिद्ध वेस्टमिन्स्टर ब्रिज से खूबसूरत छटा बिखेरती इंग्लैण्ड की पार्लियामेन्ट के एक सिरे पर बिगबेन नाम से प्रसिद्ध इंग्लैण्ड का घण्टाघर है।

बिगबेन

बिगबेन के नाम से प्रसिद्ध इंग्लैण्ड का घंटाघर संसद (पार्लियामेन्ट) के पास (ऊपर के दृश्य में पार्लियामेन्ट के दायीं ओर स्थित टॉवर पर लगी घड़ी) स्थित है। 1858 में बने इस घंटाघर का नामकरण तत्कालीन कार्य आयुक्त (कमिशनर ऑफ वर्क्स) बैंजामिन हॉल के नाम से हुआ। इस घण्टाघर के अन्दर टंगा घण्टा 13.5 टन का है। घण्टे को बजाने के लिए सोलह अश्व-शक्ति के इंजन को प्रयोग में लाया जाता है। 1924 से प्रति वर्ष नए वर्ष की पूर्व संध्या पर इसे बजाया जाता है। इसी घड़ी के घण्टे से बी.बी.सी. द्वारा नई सहस्राब्दी की घोषणा की गयी थी। इस घण्टे का निर्माण विलियम ड्यूज द्वारा कराया गया था।

लंदन ब्रिज

'लंदन ब्रिज इज फालिंग डाउन, लंदन ब्रिज इज फालिंग डाउन' कविता बच्चों द्वारा प्रायः सुनायी जाती है। कविता की ये पंक्तियाँ लंदन ब्रिज के पीछे एक लम्बी दास्तान लिये हुए हैं। टेम्स नदी पर लंदन के 15 पुलों में से एक यह पुल यूरोप का पहला उत्तर रोमन पाषाण पुल है। इसका निर्माण कोल चर्च के पीटर ने 1176 में प्रारम्भ करवाया था। 1749 में जब वेस्टमिन्स्टर ब्रिज बना तब तक यह एकमात्र टेम्स नदी को पार करने का पथ था। इस पर केवल दो गाड़ियाँ पार कर सकती थीं।

1973 में इस पुल को एक दूसरे स्थान पर प्रतिस्थापित किया गया। प्रतिस्थापन के समय इतना ध्यान पूर्वक विघटन किया गया कि जस का तस पानी

के जहाज में ले जाकर अमेरिका के ओरिजोना में लेक हाबुसू पर बना दिया गया। सिविल इंजीनियरिंग का यह आश्चर्य चकित करने वाला उदाहरण है जिसने लंदन ब्रिज के इतिहास को और भी महत्वपूर्ण पन्ने दे दिये। यह सबसे लम्बा और ऐतिहासिक पुल है। सन् 1015 में नॉर्वे के राजा ओलफ द्वारा आक्रमण किये जाने पर कही गयी लंदन ब्रिज इज फालिंग डाउन पंक्तियों ने इसे विश्व विख्यात बना दिया।

टॉवर ब्रिज

टॉवर ब्रिज का इतिहास यद्यपि एक सदी पुराना ही है परन्तु लंदन के इतिहास में इसका महत्वपूर्ण स्थान है। टेम्स नदी पर इस पुल का निर्माण 1894 में तब हुआ जब लंदन पोर्ट दिन दूनी रात चौगुनी तरक्की कर रहा था। बढ़ती भीड़ को देखते हुए एक पुल की और आवश्यकता महसूस की गई थी क्योंकि पूर्वी किनारे पर लंदन ब्रिज केवल एक मात्र पुल था; अतः 25 मीटर ऊँचा दो टॉवरों पर ऐसी तकनीकी के साथ ये ब्रिज निर्मित किया गया जिसमें जलपोत के आने पर 3 मिनट के अन्दर ही जलपोत के लिए रास्ता साफ किया जा सकता था। इसमें 'बास्कुल मेकेनिज्म' अर्थात् ढेंकुली तकनीक जिसमें एक ओर के वजन को बढ़ा देने पर दूसरे ओर का हिस्सा ऊपर उठ जाता है। इस प्रकार दोनों टॉवरों पर बने लीवर से दोनों टॉवरों के बीच बने पुल को बीच से दो हिस्सो में बाँटकर एक-एक हिस्से को एक-एक टॉवर की ओर उठा दिया जाता है। जलपोत दोनों टॉवरों के बीच से आसानी से निकल जाता है। जलयान के निकल जाने पर पुल फिर से अपनी जगह आ जाता है और ऊपर ट्रैफिक फिर चालू हो जाता है। पत्थर, लोहा और तकनीक का ये बेजोड़ प्रदर्शन अब लंदन के विशिष्ट पहचान चिन्हों में से एक बन गया है। इसके पैदल पथ पर जहाँ एक ओर मनोहारी लंदन के दृश्य है वहीं दर्शकों के लिए उत्तरी टॉवर पर बनी लिफ्ट यात्रा लंदन के अनूठे दृश्य और निर्माण की कहानी प्रस्तुत करती है। रात में जब टेम्स नदी का जल शान्त होता है और बिजली की जगमग रोशनी पानी में नहा रही होती है तो लहरों पर ऐसे दृश्य उत्पन्न होते हैं जिन्हें देखने की लालसा हर लंदनवासी और मुसाफिर के मन में होती है।

चैनिल टनल

इंग्लैण्ड और फ्रांस के बीच एक समुद्री सुरंग (चैनिल टनल) के माध्यम से आवागमन होता है। ये एक ऐसा अजूबा है जो सामान्य जनता की समझ से परे है। जिन स्थानों पर गहरी भूमिगत रेल सेवाएँ है वहाँ इसको समझने में आसानी हो जाती है। इंग्लैण्ड की भूमिगत रेल सेवा को 'ट्यूब लाइन' कहा जाता है। फ्रांस की भूमिगत सेवा को मेट्रो कहते हैं। दरअसल भूमिगत रेल जमीन के अन्दर कहीं 50 मीटर नीचे बनायी

गयी है और कहीं उससे भी गहरी। नदी/नहर की गहराई सामान्यतः 5 से 10 मीटर होती है। पानी के नीचे भी जमीन होती है। भूमिगत रेल जो 50 मीटर नीचे चल रही है उसे क्या फर्क पड़ता है, उसके 40-50 मीटर ऊपर पानी भरा है। हाँ, लेकिन ये आसान बात नहीं है इसमें चट्टानों के रिसने का जरूर ख्याल रखा जाता है। इंग्लिश चैनल जो 21 मील (34 कि.मी.) चौड़ी है, के एक ओर स्थित फोक्सटन शहर (इंग्लैण्ड) तथा दूसरी ओर स्थित कैली शहर (फ्रांस) को जोड़ा गया है। ये 24 मील चौड़ा इंग्लिश चैनल कहा जाने वाला समुद्री मार्ग इंग्लैण्ड को यूरोप से जोड़ता है। इस भूमिगत सुरंग को 1880-1922 और 1974 में बनाने का प्रयास किया गया लेकिन किसी न किसी वजह से विचार छोड़ दिया गया। लेकिन इंग्लैण्ड को फ्रांस से भूमिगत रेल मार्ग द्वारा जोड़ने की वैज्ञानिक चुनौती को आखिर 1994 में पूर्ण कर लिया गया।

ऐसा माना जाता है कि हिम युग (आइस एज) के बाद 1994 में इंग्लैण्ड और फ्रांस का यह प्रथम शुष्क भूमि जोड़ (ड्राई लैण्ड लिंक) है। 15 बिलियन अमेरिकी डॉलर की निजी क्षेत्र की पूंजी से निर्मित सुरंग में तीन कंक्रीट लाइन की सुरगें हैं, दो रेल सुरंगें (एक आने की और दूसरी जाने की) और एक दोनों की मरम्मत (सर्विसिंग) हेतु। इस सुरंग के निर्माण में सात वर्ष लगे थे। यह इंग्लिश चैनल (समुद्री मार्ग) के धरातल से 25 से 45 मीटर नीचे बनी है। इसे इतनी नीचाई तक ले जाने के लिए इंग्लिश चैनल के दोनों किनारों पर काफी दूर से ही दोनों ओर ढलान शुरू हो जाते हैं। इंग्लैण्ड और फ्रांस के लोगों की यह परिकल्पना जब 1994 में साकार हुई तो सारे विश्व की आँखे देखती रह गयीं। पेरिस के गारे डू नोर स्टेशन से 3 घण्टे में लंदन के वाटरलू स्टेशन के बीच 315 कि.मी. प्रति घण्टा की रफ्तार से रेल चक्कर मारने लगी।

टॉवर ऑफ लंदन

विश्व दाय (धरोहर) की लंदन स्थित तीन इमारतें (क्रमशः वेस्टमिन्स्टर आबे, मेरी टाइम ग्रीनिच एवं टॉवर ऑफ लंदन) में से एक टॉवर ऑफ लंदन का निर्माण विलियम द कन्क्वेरर द्वारा प्रारम्भ होकर केट विलियम द्वितीय द्वारा पूर्ण कराया गया था। टॉवर ऑफ लंदन नामक ये मध्यकालीन किला शाही निवास, टकसाल, शस्त्रागार, खजाने और जेल के रूप में प्रयुक्त ये महल इतिहास के विभिन्न सोपानों से गुजरकर आज जनसामान्य के लिए भी खुला है।

1285 में बना सफेद रंग का ये विशाल टॉवर रोमन स्थापत्य कला का महत्वपूर्ण उदाहरण है। ये भवन अब शाही शस्त्रागार के रूप में प्रयोग किया जा रहा है। हेनरी-तृतीय के समय में की गयी सफेदी (व्हाइट वाश) के कारण ही इसे व्हाइट टावर नाम दिया गया।

ट्रेफाल्गर स्क्वायर

केन्द्रीय लंदन स्थित ट्रेफाल्गर स्क्वायर ब्रिटिश एडमिरल नेल्सन के नेतृत्व में 1805 में स्पेन के ऑफ कैप ट्रेफाल्गर में इंग्लैण्ड द्वारा नेपोलियन को हरा देने के उपलक्ष में एक 43.5 मीटर ऊँचे विजय स्तम्भ का निमार्ण कराया गया था। 1843 में निर्मित इस स्तम्भ पर नेल्सन की मूर्ति स्थापित कर ट्रेफाल्गर स्क्वायर नाम के इस चौक को सजाया गया है।

1867 में स्तम्भ के आधार पर चार कांसे के बने हुए घोड़े भी स्थापित किये गये हैं। इस चौक में स्थापित फव्वारों और उसके चारों ओर बने पानी के तालाब के किनारे दर्शक बैठते हैं और फिर यहाँ कबूतरों को मक्का के दाने खिलाते हैं। दाने खाने के लिए कबूतर आराम से आकर हाथ में से दाने ले देते हैं। कभी-कभी तो कंधे और सिर पर भी बैठ जाते हैं। लोग यहाँ खूब फोटो खिंचवाते हैं।

पिक्कडली

अल्युमिनियम से बना लंदन का पहला स्मारक पिक्कडली लंदन का वह स्थान है जहाँ बिछुड़े हुए लोग मिल जाते हैं। ये साइकिल के पहियों के हब जैसा स्थान है जहाँ तानों की तरह सड़कें आकर मिलती हैं। यहाँ बनी प्यार की प्रतीक देवी इरोज की मूर्ति भूले बिछड़े लोगों को जोड़ने का कार्य करती है। यद्यपि ये स्थान बहुत सुसज्जित नहीं है, लेकिन इसकी मान्यता इतनी है कि लोग इस स्थान पर घूमने जरूर आते हैं। लंदन पवीलियन एवं पिक्कडली सर्कस यहाँ के मुख्य आकर्षण हैं। प्रचार हेतु यहाँ बड़े-वड़े अत्याधुनिक होर्डिंग हैं जहाँ हर समय इलैक्ट्रॉनिक संचालित प्रचार चलता रहता है।

लंदन स्थित पिक्कडली सर्कस

ग्रीनिच मीनटाइम

संसार का स्टैण्डर्ड टाइम अर्थात् मानक समय जी.एम.टी. अर्थात् ग्रीनिच मीन टाइम से लिया जाता है। ये ग्रीनिच मीन टाइम लंदन स्थित ग्रीनिच स्थान पर बनी वेधशाला (ऑब्जरवेटरी) पर सूर्य की किरणों के आधार पर तय किया जाता है। इसे समझने के लिए ध्यान देना होगा कि संसार दो गोलार्द्धों में बंटा हुआ है। सूर्य एक है। पृथ्वी अपनी अक्ष पर 23^0 झुकी हुई है। पृथ्वी अपने अक्ष पर 24 घण्टे में एक बार घूम जाती है। ऐसी स्थिति में जो हिस्सा सूर्य के सामने आता है वहाँ दिन होता है और जो हिस्सा सूर्य के सामने वाले हिस्से के पीछे पड़ता है वहाँ रात होती है। इसलिए एक देशान्तर पूर्व की ओर चलने पर 4 मिनट का समय बढ़ जाता है और बढ़ते-बढ़ते 180^0 देशान्तर पर पूरे एक दिन अर्थात् 12 घण्टे का फर्क पड़ जाता है। इसी तरह पश्चिम की ओर जाने पर प्रत्येक देशान्तर पार करने पर 4 मिनट घट जाता है और 180^0 देशान्तर पार करने पर एक दिन अर्थात् 12 घण्टे का फर्क पड़ जाता है।

ये सारी गणनाएँ जिस स्थान से की जाती हैं वह स्थान ग्रीनिच के नाम से जाना जाता है। यही 0^0 की देशान्तर रेखा का स्थान माना जाता है। ये ग्रीनिच लंदन में ही स्थित है। यहाँ शाही वेधशाला से ही समय लिया जाता है। यहीं प्राइम मेरीडियन का स्थान है। यहीं से संसार पूर्वी और पश्चिमी गोलार्द्धों में बंटता है। इसलिए लंदन पूरे संसार का केन्द्र बिन्दु है। संसार के सभी स्थानों के समय को यहाँ के समय की तुलना में नापा जाता है। भारत में इण्डियन स्टैण्डर्ड टाईम 82^0 की देशान्तर से लिया जाता है जो इलाहाबाद के पास से गुजरता है। जी.एम.टी. अर्थात् 'ग्रीन विच मीन टाईम'लंदन के इसी स्थान के समय को कहा जाता है। वायु और समुद्री मार्गों के लिए इस समय की बहुत उपयोगिता है। संसार भर के समय का समन्वय भी इसी से किया जाता है। इसे यू.टी.सी. अर्थात् 'यूनिवर्सल टाईम को-ऑर्डिनेटिड' कहा जाता है। इसी के आधार पर भारत और इंग्लैण्ड के समय में 5.30 घण्टे का अन्तर होता है। लंदन में सुबह के 8.30 बज रहे होते हैं तो भारत में दोपहर के 1.00 बज रहे होते हैं।

ब्रिटिश म्यूजियम

इंग्लैण्ड के साम्राज्य में चूंकि सूर्य कभी अस्त नहीं होता था अतः संग्रहालय का विशाल होना स्वाभाविक है। लगभग 4 किलोमीटर के कोरीडॉर वाला ब्रिटिश म्यूजियम इंग्लैण्ड का सबसे बड़ा और दुनिया का सबसे पुराना संग्रहालय है। इसे प्रसिद्ध वास्तुविद फोस्टर एवं रोबर्ट रूर्मिक द्वारा डिजाइन किया गया था। इंग्लैण्ड और मानवता के इतिहास को प्रदर्शित करने वाली यहाँ रखी वस्तुएँ प्राचीन, बहुविधि एवं वहुतायात में हैं।

चौथी सदी ईसा पूर्व का कैल्ट कालीन चाँदी का 28 बर्तनों वाला डिनर सर्विस सैट और बेटरसी के निकट टेम्स नदी के किनारे मिली बेटरसी प्लेट यहाँ रखी है। इसके अतिरिक्त अंग्रेज अपने साम्राज्य के हर हिस्से से कुछ न कुछ ऐतिहासिक महत्व की चीजें यहाँ लाये और उन्हें सजाया। इसके पाठन कक्ष में जॉर्ज बर्नाडशॉ, महात्मा गाँधी आदि ने अध्ययन किया और फ्रेडरिक एंजिल्स तथा कार्ल मार्क्स ने कम्युनिस्ट मैनीफेस्टो लिखी। इसमें रखी कलाकृतियाँ एवं पेन्टिंग्स ऐतिहासिक एवं पुरातात्विक महत्व की हैं।

मैडम टुसाड वैक्स म्यूजियम

मेडम टूसाड द्वारा निर्मित मोम की मूर्तियों का संग्रहालय लंदन का महत्वपूर्ण संग्रहालय है। इसमें बनी मोम की मूर्तियाँ संसार की महान हस्तियों की जीती जागती मूर्तियाँ हैं। इसमें संसार के महान राजनेताओं के अतिरिक्त महान धार्मिक नेताओं तथा कला, संगीत, फिल्म एवं साहित्य के दिग्गजों की भी मूर्तियाँ हैं। फ्रांस की क्रान्ति के दौरान मरे लोगों के चेहरों को बनाकर मेडम टुसाड द्वारा मोम के बुतों का कार्य प्रारम्भ किया गया था जो अब बड़े पैमाने पर कई शहरों में बने मेडम टुसाड वैक्स म्यूजियम नाम से प्रदर्शित हैं। यहाँ आकर दर्शक अपनी पसंद के चेहरों के साथ खड़े होकर फोटो खिंचवाते हैं।

ये फोटो इतने सजीव होते हैं कि अगर देखने वाले को ये न बताया जाये कि ये वैक्स म्यूजियम में बनी मूर्ति के साथ खिंचवाया गया है तो वह जान नहीं सकता कि असली चेहरे के साथ खिंचा फोटो है या बुत के साथ। यहाँ स्थित चित्रों में गार्डन पार्टी, प्रेमियर नाइट, चैम्बर ऑफ होरर्स, स्प्रिट ऑफ लंदन राइड, वर्ल्ड स्टेज, प्लेनेटेरियम आदि बहुत प्रसिद्ध हैं। कला की इस महान उपलब्धि का प्रदर्शन लोगों द्वारा खूब सराहा जाता है। इसका प्रत्यक्ष प्रमाण यह है कि लंदन के इस म्यूजियम में आने वालों की संख्या लंदन के अन्य अधिकांश स्मारकों से कहीं अधिक है।

मैडम टुसाड संग्रहालय स्थित इंग्लैण्ड की महारानी का मोम-चित्र

विज्ञान के आधार स्तम्भ

'जानने का साहस' (डेयर टू नो) यूरोपियन बौद्धिक क्रान्ति का मूल मंत्र था। विज्ञान और दर्शन के क्षेंत्र में नए-नए आविष्कारों की कतार इसका परिणाम थी। 'पृथ्वी गोल है' कहने के लिए गैलीलियों को पोप द्वारा भले ही फाँसी की सजा सुनायी गयी, लेकिन उसकी सजा ने गैलीलियों जैसे वैज्ञानिकों की पंक्तियाँ खड़ी कर दी। वैज्ञानिक सोच का जो वातावरण तैयार हुआ उसने हर परम्परागत विश्वास के सामने प्रश्न चिन्ह लगा दिया। इस प्रश्न चिन्ह के लगने से नित नई खोजें सामने आने लगीं।

इंग्लैण्ड जैसे छोटे से देश ने जो शोहरत पाई है उसके पीछे इंग्लैण्ड के वैज्ञानिकों का योगदान है। वैज्ञानिकों एवं तकनीशियनों का जो जमावड़ा इंग्लैण्ड में हुआ वह 18वीं सदी से पूर्व और कहीं नहीं था। इन्हीं वैज्ञानिकों और तकनीशियनों के कारण इंग्लैण्ड में औद्योगिक क्रान्ति संभव हो सकी, नए-नए हथियार बन सके और लम्बी-लम्बी यात्राएँ संभव हो सकीं। इन सबके कारण ही इंग्लैण्ड दुनिया भर में सर्वाधिक महत्वपूर्ण देश बन सका।

इंग्लैण्ड वैज्ञानिकों की धरती है। कभी सेव को गिरते देखकर इसाक न्यूटन (1642-1727) ने गुरुत्वाकर्षण का सिद्धान्त प्रतिपादित किया था तो एडमण्ड हेली (1656-1742) ने पुच्छल तारे को खोजा। पृथ्वी द्वारा सूर्य की परिक्रमा की बात कहने और सिद्ध करने वाले जेम्स ब्रेडले (1693-1762) 'बलवान जीविता' का सिद्धान्त प्रतिपादित करने वाल चार्ल्स डार्विन (1809-1882), इलैक्ट्रोमेग्नेटिज्म और विद्युत बैट्री के जनक माइकेल फराडे (1791-1867), 'पेंसलिन' के निर्माता अलेक्जेण्डर फ्लैमिंग (1881-1955), टेलीविजन के आविष्कारक लौगी बैर्ड (1888-1946) आदि वे वैज्ञानिक हैं जिन्होंने इंग्लैण्ड में विज्ञान के विकास की वह भूमि तैयार की है जिस पर आज इंग्लैण्ड खड़ा है।

अनुसंधान एवं विकास के बलबूते इंग्लैण्ड ने औद्योगिक क्रान्ति करके विश्व का नक्शा वदल दिया। कभी किसी ने सोचा भी न होगा कि इस छोटे से देश का इतना बड़ा साम्राज्य होगा जिसमें सूर्य कभी अस्त नहीं होगा। धार्मिक उदारता और तार्किकता की नींव पर ही इंग्लैण्ड की औद्योगिक क्रान्ति और विशाल साम्राज्य स्थापित हुआ। धार्मिक कट्टरता जहाँ इटली में गैलीलियो जैसे वैज्ञानिक को 'धरती

गोल है' कहने पर फाँसी की सजा दे रही थी, वहीं इंग्लैण्ड उन्हें शरण दे रहा था। इटली, फ्रांस, जर्मनी आदि के धार्मिक अनुदारवादियों के आतंक से भागे वैज्ञानिकों एवं विचारकों की शरणगाह बने इंग्लैण्ड को एक दिन उनके ज्ञानदीप से आलोकित तो होना ही था।

दार्शनिक दुनिया के प्रकाश पुँज

इंग्लैण्ड की स्थिति यूरोप के नक्शे में इंग्लिश चैनल के कारण यूरोप से अलग हो जाती है, इसलिए ये स्थान एक 'वाच टॉवर' के रूप में यूरोप के सारे झंझावातों को दूर से देखकर नसीहतें लेता रहा और कट्टरवाद एवं तानाशाही के शिकार विद्वानों को पनाह देता रहा। यूरोप के धर्म सुधार आन्दोलन का लाभ इंग्लैण्ड को बिना खून-खराबे के ही मिल गया।

यूरोप में बौद्धिकवाद ने विद्वानों में ज्ञान की खातिर जान तक की बाजी लगाने का साहस पैदा कर दिया। गैलीलियों की फाँसी भी गैलीलियो की बात को दबा नहीं पायीं शासन एवं व्यक्ति स्वातंत्र्य सम्बन्धी सुविचार जो फ्रेंच दार्शनिक वोल्टेयर (1694-1778) आदि यूरोपियन विद्वानों में विकसित हो रहे थे उन्हें इंग्लैण्ड के थॉमस हॉब्स, जॉन लॉक, बेंथम, जे.एस. मिल, टी.एच. ग्रीन आदि ने आगे बढ़ाया।

बौद्धिकतावाद से प्रभावित इन विद्वानों ने परम्परागत पुराने विचारों को त्याग कर अपने ज्ञान और तर्क के आधार पर नए विचार विकसित भी किये और उन्हें सिद्ध भी किया। अंग्रेज दार्शनिक जॉन लॉक (1632-1704) ने जब ये कहा था कि सभी मनुष्य समान हैं और स्वतंत्र हैं और सरकार को शासन का प्राधिकार जनता की सहमति से आता है; तब भले ही किसी को विश्वास न हुआ हो लेकिन आधुनिक प्रजातंत्र का आधार आखिर यही विचार बना। इससे भी पहले 1588 में जन्में लंदनवासी थॉमस हॉब्स ने अपने 'लैबाइथन' में यह बात साफ कर दी थी कि राजा की तैनाती प्रजा द्वारा एक समझौते के बाद होती है अर्थात् राजा की नियुक्ति वंशानुगत की बजाय जनता की सहमति पर हुए समझौते के आधार पर। समझौते के टूटने से जंगल जैसी स्थिति फिर न उत्पन्न हो जाये इस दहशत से मर्यादित राजतंत्र और लोकतंत्र के रास्ते साफ किये। व्यक्ति स्वातंत्र्य और नारी मताधिकार के योद्धा जे.एस. मिल ने इंग्लैण्ड की संसद को नारी मताधिकार के लिए मजबूर कर दिया था। इसके अलावा 'कल्याणकारी राज्य' की अवधारणा वाले 'ग्राहम वैल' आदि विद्वान भी इंग्लैण्ड की धरती पर ही जन्मे थे।

साहित्याकाश के दैदीप्यमान सितारे

साहित्य समाज का दर्पण और पथ प्रदर्शक माना जाता है। इस दृष्टि से साहित्य सम्पूर्ण जीवन की झाँकी प्रस्तुत करने के साथ-साथ समाज में उठने वाले बदलाव के तूफान की ओर इशारा भी करता है और बचने के रास्ते भी बताता है। अंग्रेजी साहित्य इस आशय में खरा उतरता है। लम्बे अरसे तक उपनिवेशों और उपलब्धियों के कारण संसार भर को प्रभावित करने वाला इंग्लैण्ड अपने साहित्य से प्रभावित किये बग़ैर कैसे छोड़ सकता था। भारत में भी अपने लम्बे शासन काल में मैकाले की शिक्षा नीति के आधार पर अंग्रेजों ने भारत के लोगों को भारतीय लेखकों की बजाय अंग्रेज लेखकों को पढ़ाया। इसलिए अंग्रेजी लेखकों से भी भारतीय भलीभांति परिचित हैं। शेक्सपियर को तो लोग कालिदास और अश्वघोष से भी ज्यादा जानते हैं।

इंग्लैण्ड के साहित्यकारों की सूची तो बहुत लम्बी है लेकिन कुछ साहित्यकार ऐसे हैं जिनका जिक्र किये बगैर इंग्लैण्ड के बारे में साहित्यिक चर्चा अधूरी रह जायेगी। इनमें शेक्सपियर के अलावा 'ओड टू ए नाइटिंगेल' के लेखक कीट्स, प्रकृति पुजारी और भारत के सुमित्रा नन्दन पंत 'ऑन वेस्टमिन्स्टर ब्रिज' लिखने वाले विलियम वर्ड्स वर्थ, 'ओलिवर ट्विस्ट' जैसे उपन्यास के लेखक चार्ल्स डिकिन्स, खोजी उपन्यास 'शेरलॉकहॉम्स' के लेखक ऑर्थर कानन डोयल, जॉर्ज बर्नाड शॉ, एच. जी. वैल्स आदि बहुत प्रसिद्ध हैं।

विलियम शेक्सपियर

शेक्सपियर के व्यक्तित्व से सारा संसार भलीभांति परिचित है और इंग्लैण्ड की धरती धन्य है जिसने शेक्सपियर जैसे साहित्यकार को जन्म दिया। मर्चेन्ट ऑफ वेनिस, औथेलो, मिड समर्स नाइट ड्रीम, हेमलेट्, मेकवेथ और टेम्पेस्ट जैसी कालजयी तीन दर्जन कृतियों के अमर लेखक शेक्सपियर के गाँव स्ट्रटफोड अपॉन एवन पहुँचना मेरे लिए सौभाग्य की बात है। तत्कालीन भारतीय उच्चायुक्त डॉ. लक्ष्मीमल सिंघवी, कवि सम्मेलन के आयोजक श्री पदमेश गुप्त, सहसंयोजक श्रीमती उषा राजे सक्सेना के सानिध्य व सौजन्य से मुझे अंग्रेजी लेखक शेक्सपियर के पैतृक गाँव 'स्ट्रटफोर्ड अपॉन एवन' देखने का अवसर भी मिला।

लंदन से वर्मिंघम होते हुए मानचेस्टर के कवि सम्मेलन में भाग लेकर वापसी

में स्ट्रटफोर्ड अपॉन एवन में हम लोग कुछ समय के लिए रुके थे। हमारे साथ भारतीय दल के डॉ. रामदरश मिश्र, बाल कवि वैरागी वाचस्पति उपाध्याय, कुंअर बेचैन, कैलाश बाजपेयी, सीन काफ निजाम, डॉ. दाऊजी गुप्ता, डॉ. सुरेश चन्द्र शुक्ल, पदमेश गुप्त, उषा राजे सक्सेना आदि थे। स्ट्रटफोर्ड अपॉन एवन स्थित शेक्सपियर के पैतृक निवास जिसे अब एक पर्यटक स्थल के रूप में विकसित किया गया है, हम लोगों ने घूम-घूम कर देखा।

स्ट्रटफोर्ड अपॉन एवन स्थित शेक्सपियर के पैतृक निवास के द्वार पर लेखक

स्ट्रटफोर्ड अपॉन एवन एक छोटा सा हरा-भरा और साफ-सुथरा कस्बा है। इस कस्बे की नगरपालिका ने शेक्सपियर की जिन्दगी से जुड़ी एक-एक चीज को सुरक्षित रखा है। उनके पत्र, उनकी पाण्डुलिपियाँ, उनके बर्तन, उनकी तस्वीरें, पढ़ने की मेज, कुर्सी इत्यादि और मोम की बुत बनाकर इस प्रकार कुर्सी पर बैठा दिया है कि उसे देखकर भ्रम हो जाता है कि साक्षात शेक्सपियर बैठे हैं। शहर में 3 मीटर ऊँचे स्तम्भाधार पर चिंतन युक्त मुद्रा में लगी उनकी पाषाण मूर्ति बहुत आकर्षक है।

नगरपालिका द्वारा लगाई गई स्तम्भाधार पर शेक्सपियर की मूर्ति

भारत के लिए एक गौरवपूर्ण बात यह है कि शेक्सपियर के घर के लॉन में नोबल पुरस्कार से पुरस्कृत विश्व कवि रवीन्द्रनाथ टैगोर की मूर्ति भी तत्कालीन उच्चायुक्त डॉ. लक्ष्मीमल सिंघवी के प्रयासों से लग गयीं हम लोगों ने टैगोर की मूर्ति के साथ चित्र लिये। इंग्लैण्ड में साहित्यकारों के आवास को जिस तरह पर्यटक स्थल के रूप में विकसित किया गया है उसी प्रकार भारत में भी किया जाना चाहिए ताकि साहित्य एवं साहित्यकार सम्मानित हो सकें।

स्ट्रटफोर्ड अपॉन एवन की नगरपालिका ने महान साहित्यकार शेक्सपियर के स्मारक को बनवाकर न सिर्फ अन्तर्राष्ट्रीय पर्यटकों को बढ़ावा दिया है। बल्कि अपनी साहित्यिक विरासत को कई पीढ़ियों तक के लिए संरक्षित भी कर लिया है।

शेक्सपियर आवास के लॉन में नोबल पुरस्कार विजेता विश्व कवि रवीन्द्रनाथ टैगोर

चार्ल्स डिकिन्स (1812-1870)

अपनी इंग्लैण्ड की यात्रा में में जिन अन्य लेखकों के स्मारकों पर जाना चाहता था उनमें दूसरा नाम महान उपन्यासकार चार्ल्स डिकिन्स का था। डिकिन्स के प्रति मेरी भावनाएँ इसलिए भी वहुत सम्मान से भरी थी क्योंकि उन्होंने जीते जागते देवता अर्थात् बच्चों को रूपायित करने की कोशिश की है। उन्होंने बचपन की दयनीय स्थिति के कारण अन्धकारमय होते भविष्य की ओर संकेत किया। औद्योगिक क्रान्ति की सबसे बड़ी त्रासदी बच्चों को सहनी पड़ी, उन्हें बड़ी-बड़ी मशीनों के बीच अस्वास्थ्य कर परिस्थितियों के बींच कार्य करना पड़ा। डिकिन्स ने अपने लेखन में इस त्रासदी की ओर भी कलम चलाकर जनसामान्य की संवेदनाओं को झकझोरने का प्रयास किया। बच्चों के प्रति इतने संवेदनशील होने के पीछे चार्ल्स डिकिन्स का अपना व्यक्तिगत जीवन भी था। उनका वचपन भी तमाम ऐसी त्रासदियों से भरा था जिन्हें सुनकर कोई भी व्यक्ति भावुक हो जायेगा।

यद्यपि शेक्सपियर के वाद चार्ल्स डिकिन्स अंग्रेजी साहित्य का सर्वाधिक

चर्चित नाम है। बच्चों के चरित्र को जिस खूबसूरती से उन्होंने गढ़ा है उतना बहुत कम लोग ही गढ़ पाये हैं। उनकी कहानियों और उपन्यासों में बचपन का जो सजीव चित्रण प्रस्तुत हुआ है वह अन्यत्र दुर्लभ है। चूंकि चार्ल्स डिकिन्स का बचपन कठिनाईयों से भरा था इसलिए बचपन की समस्याओं से खूब परिचित थे।

युवा चार्ल्स डिकिन्स ने अपने पिता के साथ पब्लिक हाउस (जहाँ उसके पिता गाना गाते थे) का जीवन देखा था। गरीबी के कारण कुछ पाण्डुलिपियों तक को बेच देने और कर्ज के कारण कैद में रह लेने तक की स्थिति से गुजर चुके चार्ल्स डिकिन्स के पिता को नहीं मालूम था कि उसका बेटा एक दिन दुनिया के महानतम लेखकों में से एक होगा। उनका लेखन बचपन की कुछ ऐसी ही घटनाओं से प्रभावित था। इनके पात्रों की योजना कुछ इसी भाव भूमि पर हुई है। अंग्रेजी साहित्य की 'ग्रेट एक्सपेक्टेशन्स', 'ओलीवर ट्विस्ट' जैसी अमर कृतियों के इस लेखक की जीवनगाथा इतनी कठिनाईयों से गुजरी होगी, कभी सोचा भी नहीं जा सकता।

चार्ल्स डिकिन्स का स्मारक स्थल रोचेस्टर नामक शहर लंदन से लगभग पौन घण्टे यात्रा की दूरी पर अवस्थित छोटा परन्तु बहुत ही खूबसूरत और स्वच्छ शहर है। इसके पास बहती नदी में नौका विहार हेतु सजी-धजी नौकाओं का बेड़ा दिखाई देता है। रोचेस्टर साहित्यिक पर्यटन के साथ-साथ धार्मिक पर्यटन एवं पिकनिक के दृष्टिकोण से बहुत उपयुक्त स्थल है।

रोचेस्टर स्थित डिकिन्स के स्मारक स्थल में उनकी पाण्डुलिपियों, पुस्तकों तथा उनसे सम्बन्धित वस्तुओं की प्रदर्शनी लगी है। मोम की उनकी मूर्ति को कुर्सी पर इस प्रकार बैठाया गया है कि उनकी आकृति सजीव हो उठती है।

मेजबान श्री के.वी.एल. सक्सेना के साथ वर्किंग लंच लेकर हम उनकी लाल रंग की मर्सिडीज में रोचस्टर की यात्रा पर सुबह-सुबह निकल पड़े। रोचेस्टर शहर तक जाने में हमें इंग्लैण्ड के कंट्रीसाइड अर्थात् देहात के भी दर्शन हो गये थे। देहात का दृश्य भारत से बिल्कुल अलग था। छोटे-छोट शहर ही उनके कंट्रीसाइड हैं। इन शहरों को गाँव कहना तो बिल्कुल भी उचित न होगा। इन गाँवों में उद्योग-धन्धे, मिश्रित खेती, विद्यालय और बाजार आदि दिखाई दिये। लंदन और इन छोटों कस्बों में अन्तर सिर्फ आकार का था, लेकिन जीवन की गुणवत्ता में कोई अन्तर नहीं था। वही साफ सड़कें, वही ट्रैफिक व्यवस्था, वही स्कूलों की व्यवस्था, विश्वविद्यालय, डिपार्टमेन्टल स्टोर्स, कम्प्यूटर, दूरसंचार, आवागमन के साधन आदि सब कुछ बड़े शहरों जैसा ही था।

इस प्रकार रोचेस्टर की यात्रा से मुझे दोहरा लाभ हुआ। एक तरफ इंग्लैण्ड के देहात क्षेत्र का दर्शन और दूसरी तरफ साहित्यकारों के प्रति सम्मानार्थ सरकार द्वारा किये गये कार्यों आदि के दर्शन। रोचेस्टर की म्यूनिसपलिटी ने अपनी धरती के लाल चार्ल्स डिकिन्स का संग्रहालय इस प्रकार संरक्षित कर रखा है कि उनकी साहित्यिक

विरासत अभी सैंकड़ो वर्षों तक यथावत बनी रहेगी।

विलियम वर्ड्सवर्थ स्मारक

रंग बिरंगे फूल, ऊँची-नीची पहाड़ियाँ, समुद्र सी गहराई लिये शान्त रिडाल झील, कलरव करती चिड़ियाँ, हरहराता हुआ रिडाल फॉल्स (झरना), दूर-दूर तक हरे भरे वन, बीच में विलियम वर्ड्सवर्थ का घर, ऐसे में उनका भावुक मन प्रकृति के इस सुरम्य वातावरण को शब्दोमय करने से कैसे बच सकता था। लंदन के शोरशराबे से पचासों मील दूर विलियम वर्ड्सवर्थ के गाँव 'रिडाल माउण्ट' जो अब एक खूबसूरत शहर में तब्दील हो चुका है, इंग्लैण्ड के लेक डिस्ट्रिक्ट में स्थित है। यहीं बने एक घर 'डोव कॉटेज' में विश्व प्रसिद्ध कवि विलियम वर्ड्सवर्थ ने अपने जीवन के सैंतीस वर्ष (1813-1850) गुजारे थे।

रिडाल माउण्ट एम्बेसाइड और ग्रासमेयर के बीच विण्डरमेयर झील और रिडाल जल प्रपात, हरी-भरी चिकनी पत्तियों वाले पेड़-पौधों, घास और हरी चादर ओढ़े सुगम पहाड़ पर बसा ये गाँव पर्यटकों को बरवस खींच लेता है। इस प्राकृतिक छटा को और भी खूबसूरत बनाता विलियम वर्ड्सवर्थ का घर जो अब उनका स्मारक बन गया है। विलियम वर्ड्सवर्थ के इस घर में उनके तरह-तरह के फोटो, उनके व्यक्तिगत उपयोग की वस्तुएँ, पाण्डुलिपियाँ और उनके लेखन के प्रथम संस्करण, उनके द्वारा लिखे गये पत्र आदि सुरक्षित हैं।

इतनी सारी खूबसूरती के साथ रिडाल माउण्ट नामक पहाड़ी पर बसा ये गाँव स्वर्गलोक की कल्पनाओं से कम नहीं है। इस घर से चारों ओर के दृश्य मनभावन प्रकृति के सुरम्य वातावरण से युक्त हैं। यहीं उन्होंने कभी 'ओ हैप्पी गार्डन्स! हूज सैक्लूजन डीप, सो फ्रैण्डली टू इण्डस्ट्रियस आवर्स,..........' अर्थात् 'अरे खुशनुमा उद्यान! तुम्हारा घनघोर एकान्त अध्यवसायी क्षणों में बहुत मित्रवत है।'

कहा जाता है कि 1813 में जब वर्ड्सवर्थ अपनी पत्नी, बच्चों और एक बहन डोरोथी वर्ड्सवर्थ के साथ इस घर में रहने आये थे तो डोरोथी ने किसी सहेली को लिखा था- 'वैदर इज डिलाइट एण्ड द प्लेस इज पैराडाइज' अर्थात् 'आनन्ददायक मौसम वाला ये स्थान स्वर्ग है।' बाद में फिर कभी कहा था- 'रिडाल माउण्ट इज द नाइसेस्ट प्लेस इन द वर्ल्ड फॉर चिल्ड्रन' अर्थात् 'रिडाल माउण्ट बच्चों के लिए संसार में सबसे बढ़िया स्थान है।' पारिवारिक वातावरण के लिए इस सुरम्य स्थान पर वर्ड्सवर्थ से मिलने के लिए अन्य लोगों के अलावा प्रसिद्ध अंग्रेजी कवि कोलरिज और थॉमस अरनोल्ड मैथ्यू के बच्चे भी आये।

भारत में लम्बे समय तक अंग्रेजी राज के अंग्रेजी लेखकों को पढ़ने का जो अवसर भारतीयों को मिला उनमें प्रकृति गायक विलियम वर्ड्सवर्थ के सुरम्य स्मारक को देखने की लालसा काव्य एवं प्रकृति प्रेमी किसी भी व्यक्ति को रहेगी। इसी

लालसावश में भी विलियम वर्ड्सवर्थ के गाँव रिडाल माउण्ट गया और उनकी बहन द्वारा वर्णित इस स्थान को स्वर्गिक महसूस किया।

इंग्लैण्ड की जो खुशनुमा स्मृतियाँ शेष हैं उनमे वर्ड्सवर्थ का घर भी एक है। मेरे जीवन के जो महत्वपूर्ण चित्र हैं उनमें कुछ चित्र इस घर के साथ हैं। अपने मित्र पदमेश गुप्त का में विशेष रूप से आभारी हूँ जिन्होंने अपनी कार से मुझे इस सुन्दर स्थान की यात्रा कराई। एक अच्छे कवि ऑर्गनाइजर सहयोगी और परिहासपूर्ण व्यक्तित्व के धनी और छठे विश्व हिन्दी सम्मेलन के आयोजक पदमेश मेरी इस यात्रा में पथ प्रदर्शक के रूप में सदा साथ रहेंगे। पदमेश जी के साथ विण्डरमेयर झील के नौका विहार की तितिक्षा और प्रतीक्षा शायद ही कभी भूल पायें। यहाँ लगी लम्बी कतारें झील के नौका विहार में आने वाले आनन्द की गवाह थीं। बच्चे, बूढ़े और जवान सभी अपनी-अपनी सुनहरी यादों में खो जाने के लिए आतुर थे।

रोबर्ट वर्न्स, सर वाल्टर स्कॉट एवं रोबर्ट लुइयस स्टीवेन्सन (स्कॉटलैण्ड) का संग्रहालय

एडिनवरा इंग्लैण्ड का श्रीनगर और स्कॉटलैण्ड कश्मीर है। स्कॉटलैण्ड को देखे बगैर इंग्लैण्ड की बात शायद पूरी न हो पायेगी इसलिए एडिनवरा और स्कॉटलैण्ड की साहित्यिक यात्रा का वर्णन आवश्यक है।

एडिनवरा जिसे एडिनवर्ग लिखा जाता है, स्कॉटलैण्ड की राजधानी है। स्कॉटलैण्ड अपनी विशिष्ट पहचान के लिए अपनी साहित्यिक परम्पराओं और स्कॉटिस लेखकों को अलग से प्रस्तुत करता है। स्कॉटलैण्ड के सर्वाधिक प्रसिद्ध तीन लेखकों - रोबर्ट वर्न्स (1759-1796), सर वाल्टर स्कॉट (1771-1832) एवं रोबर्ट लुइयस स्टीवेन्सन(1850-1894) के व्यक्तित्व एवं कृतित्व को इसमें प्रदर्शित किया गया है।

लेखक संग्रहालय की अवस्थित पर्यटकों के केन्द्र में होने से इसमें अपने वाले लोगों की संख्या काफी है। इस संग्रहालय भवन से यद्यपि इन तीनों लेखकों में से किसी का भी कोई सम्बन्ध नहीं रहा है परन्तु फिर भी उन्हें अमर करने के लिए उनके जीवन से जुड़े पहलुओं एवं कृतियों को प्रस्तुत किया गया है। **रोबर्ट वर्न्स** की तलवार और पढ़ने की डेस्क, **वाल्टर स्कॉट** के बचपन की रॉकिंग हॉर्स और डायनिंग टेबल व प्रिंटिंग प्रैस जिस पर उनके वेवरली उपन्यास छपे थे। आर. एल. **स्टीवेन्सन** के घुड़सवारी के जूते (राइडिंग शूज), चिलम पाइप, टोप और मछली पकड़ने की छड़ आदि प्रदर्शित किये गये हैं। अन्य स्कॉटिश लेखकों के सम्बन्ध में भी अस्थाई प्रदर्शनियाँ आदि लगायी जाती हैं।

स्कॉटलैण्ड की साहित्यिक परम्परा बहुत पुरानी है। 'गोडोड्रिन' छठी सदी का

काव्य संकलन है जो कैल्टिक भाषा में लिखित है। अपनी सांस्कृतिक विरासत को भी स्कॉटलैण्डवासियों ने सुरक्षित रखा है। उनकी वेशभूषा, भाषा, स्थापत्य, बैण्ड आदि सब कुछ शेष इंग्लैण्ड से अलग हैं। अपनी विरासत की चीजों को बहुत संभाल कर रखने की परम्परा में उन्होंने लूम जो पहले कपड़े बुनने के लिए प्रयोग होता था, आज भी प्रदर्शनी के रूप में सुरक्षित रखा है। यहाँ के लोग शेष इंग्लैण्ड की अपेक्षा अधिक मिलनसार और भारतीयों के प्रति अधिक उदार एवं प्रेम प्रदर्शित करने वाले हैं।

हल्की ऊँचाई वाली हरी-हरी घास और भेड़ों से भरी पहाड़ियों में ऊन का चउत्पाद भले ही बहुत मात्रा में न होता हो लेकिन यहाँ का ऊनी उत्पाद अपनी गुणवत्ता के लिए अलग पहचान रखता है।

स्कॉटलैण्ड की मेरी साहित्यिक यात्रा एक सामान्य यात्रा नहीं थी। पदमेश जी के साथ यह एक पिकनिक, पर्यटन, साहित्यिक पर्यटन, हास-परिहास, अभिनव, लॉन कुकिंग, लेखकीय, तितिक्षा-प्रतीक्षा, ज्वारीय, सागर तट के किनारे घूमते लोग, साइकिलें चलाते बच्चे, एडिनवरा एयरपोर्ट पर उतरने के लिए अपने पहिये गिरा चुके हवाई जहाजों की आवाज, ठण्डक लिए समुद्री हवा, गुनगुनाती धूप, पेट में कूदते चूहे, तेज हवा से बार-बार बुझती गैस, खत्म हो चुकी माचिस की तीलियाँ, लाइटर से घास के तिनके और अखबार के कागज जलाकर बार-बार जलाते स्टोव और अन्ततः पके खाने का अभिनव स्वाद जीवन भर न भूल पाने वाली यादें, सब कुछ ऐसा कि अब भी कभी-कभी मन वहीं पहुँच जाता है।

जी.पी.एस. लगी हुई पदमेश जी की कार में शहर तक पहुँचने या उसके किसी भाग में पहुँचने में कोई परेशानी नहीं होने देती थी। सड़क मुड़ने या जंक्शन की स्थिति में जी.पी.एस. में बोलती एक महिला द्वारा बायें मुड़ने या दायें मुड़ने के निर्देश आदि सब कुछ दिव्य था।

उल्लेखनीय शहर

लंदन

कभी सूर्यास्त रहित साम्राज्य की राजधानी रहा लंदन संसार भर की संस्कृतियों का सुन्दर संग्रहालय है। जहाँ नूतन और पुरातन का समन्वय सामाजिक, राजनैतिक, स्थापत्य, कला और संगीत इत्यादि सभी क्षेत्रों में किया गया है, विश्व स्तरीय इस शहर के प्रति आकर्षण पूरी दुनिया को है। इसमें अवस्थित टॉवर ऑफ लंदन, बकिंघम पैलेस, बिगबेन, सेन्टपॉल कथीड्रल, लंदन ब्रिज, टॉवर ब्रिज, ट्रफाल्गर स्क्वायर, मेडमटुसाड म्यूजियम, पार्लियामेन्ट, अण्डरग्राउण्ड रेलवे आदि मौन होकर भी इतिहास की लम्बी दास्तान कहते हैं।

लंदन शहर का विहंगम दृश्य

टेम्स नदी के ऊपर लंदन आई और टेट मॉडर्न में समकालीन कृतियों के ऐसे सुन्दर नमूने हैं जो अन्यत्र दुर्लभ हैं। पुरातात्विक धरोहर के लिए विश्व प्रसिद्ध ब्रिटिश म्यूजियम, व्यावहारिक एवं सजावटी कला के लिए संसार का सबसे बड़ा विक्टोरिया एण्ड अल्बर्ट म्यूजियम, अद्‌भुत साइंस म्यूजियम, हथियारों की प्रदर्शनी

करता इम्पीरियल वार म्यूजियम, फैशन.एण्ड टैक्सटाइल म्यूजियम, सैल्फ्रिजिज, लिबर्टी, हर्वि निकोलस एवं हैरड्स जैसे आवश्यकताओं को वस्तुओं के आधुनिक संग्रहालय और प्रसिद्ध शॉपिंग मॉल एवं डिपार्टमेन्टल स्टोर्स, ग्रीनिच मीन टाईम ऑब्जरवेटरी के अतिरिक्त लंदन में विश्व स्तरीय लंदन विश्वविद्यालय, लंदन स्कूल ऑफ इकोनॉमिक्स आदि वह सब कुछ उपलब्ध है जो उसे सर्वश्रेष्ठ शहर की श्रेणी में रखता है।

ऑक्सफोर्ड

इंग्लैण्ड के ऑक्सफोर्ड और कैम्ब्रिज भारत के तक्षशिला और नालन्दा हैं। अन्तर सिर्फ इतना है कि ऑक्सफोर्ड और कैम्ब्रिज आज भी अपनी भव्यता के साथ मौजूद हैं परन्तु तक्षशिला और नालन्दा अत्यधिक प्राचीन होने के कारण अपने भग्नावशेषों में ही मौजूद हैं। ज्ञान की इस विश्वप्रसिद्ध पीठ का निर्माण 15वीं सदी में हुआ था। सुनहरे पत्थर से निर्मित इस विश्वविद्यालय में आत्म नियंत्रित 39 कॉलेज हैं जो अपने विद्यार्थियों से लेकर शिक्षकों तक का चयन अपने आप करते हैं। सदियों से ब्रिटेन के विशिष्ट वर्ग को प्रशिक्षित करने का कार्य इन्ही शिक्षण संस्थाओं द्वारा किया जा रहा है। इन शिक्षण संस्थाओं में मूलभूत सुविधाएँ विश्वविद्यालय द्वारा प्रदान की जाती हैं। सत्तर लाख पुस्तकों वालीं बोडलियन लाइब्रेरी जिसमें रखी किताबों की रैकों की लम्बाई 110 कि.मी. है, भी विश्वविद्यालय द्वारा ही स्थापित है।

ऑक्सफोर्ड विश्वविद्यालय स्थित रेडक्लिक कैमरा भवन

पानी के किनारे हरे-भरे पेड़-पौधों के बीच शान्त वातावरण में नौकायन किसे विचारशील नहीं बनाता। सर क्रिस्टोफर रैन द्वारा प्रकल्पित औपचारिक उत्सव कार्यक्रम स्थल, संसार का प्रथम जन संग्रहालय एस्मोलियन संग्रहालय और शैल्डोनियन थिएटर बहुत ही आकर्षक हैं। जो वैज्ञानिक, दार्शनिक, अध्यात्मवादी लेखक, राजनीतिज्ञ इस विश्वविद्यालय से सम्बद्ध रहे हैं, उन्होंने न सिर्फ इंगलैण्ड को बल्कि

सारे संसार को अपने-अपने ज्ञान एवं कार्य से प्रभावित किया है।

चैरबैल नदी के किनारे बसा टाउन एण्ड गाउन अर्थात् शहर और विश्वविद्यालय जैसे विशेषणों से विभूषित ये शहर अपनी नूतन और पुरातन परम्पराओं तथा धरोहरों के लिए प्रसिद्ध है। अपने संग्रहालय में आइन्सटीन के श्यामपट तक को सुरक्षित रखने से लेकर 13वीं सदी में बनी शहर की दीवार और क्राइस्ट चर्च मीडोज (चरागाह) और वह गैराज जहाँ विलियम मोरिस (लॉर्ड नू फील्ड) ने पहली कार बनाई थी, तक को सुरक्षित रखा है। इतिहास विरासत और बेहतरीन प्राकृतिक सौन्दर्य ऑक्सफोड में सब कुछ सुरक्षित है जो आँखों को अच्छा लगने के साथ ह्दय को छू लेता है।

बोडलियन लाइब्रेरी

कैम्ब्रिज

कैम्ब्रिज और ऑक्सफोर्ड इंग्लैण्ड के वह शहर हैं जिन्हें उन्नत शिक्षा के संसार में सर्वाधिक प्रसिद्धि मिली है। 13वीं सदी में बना कैम्ब्रिज विश्वविद्यालय अपनी शिक्षा-पद्धति, स्थापत्य और परम्पराओं के लिए विश्व विख्यात है। 'कैम' नदी के किनारे स्थित यह विश्वविद्यालय अपने स्थापत्य के साथ-साथ रंग-बिरंगे फूलों और हरे-भरे उद्यानों के लिए भी प्रसिद्ध है।

प्राकृतिक सौन्दर्य के कारण यह स्थान पर्यटकों को बरवस खींच लेता है। लंदन से 87 कि.मी. पूर्व में अवस्थित ये स्थल इको पर्यटकों के बीच बहुत पसंद किया जाता है। यूरोप की सर्वाधिक प्रसिद्ध गॉथिक स्थापत्य कला शैली का उत्कृष्ट नमूना कैम्ब्रिज का किंग्स कॉलेज है जिसे राजा हेनरी अष्टम ने 1516 में बनवाया था। इसकी शुरूआत 1446 में प्रार्थना चेपल के रूप में हुई थी। यहाँ लकड़ी और पत्थर पर की गई नक्काशी तत्कालीन कला की भव्यता दर्शाती है। किंग्स कॉलेज के अतिरिक्त यहां का सेंट जॉन्स कॉलेज, ट्रिनिटी कॉलेज और रैन लाइब्रेरी भी बहुत प्रसिद्ध है। इंग्लैण्ड में रिपब्लिक युग के नायक ओलीवर क्रामबैल का स्मारक प्रजातंत्रीय व्यवस्था में विश्वास रखने वाले हर व्यक्ति को नत मस्तक करा देता है।

बर्मिंघम

कभी हजार व्यवसायों का शहर कहा जाने वाला बर्मिंघम अब फुरसत की हजार जीवन पद्यतियों का शहर कहा जाता है। फुटबाल, क्रिकेट आदि उच्च कोटि के अन्तर्राष्ट्रीय खेलों और 'ब्रम' जैसे कला आयोजनों के लिए प्रसिद्ध बर्मिंघम 'रॉयल बैले' और 'सिम्फोनी ऑरकेस्ट्रा का घर है। शहर के मध्य में बहती नहर के किनारे बने कॉफी हाउस और बार रेस्ट्रां में फुरसत से आराम फरमा रहे लोगों के झुण्ड पेय पदार्थों के गिलास ऊपर उठा-उठाकर हंसते हुए और पार्कों में पगड़ी बाँधें लम्बी-लम्बी दाड़ी वाले धूप सेंकते और ताश पत्ते खेलते हुए भारतीय मूल के सरदार अतीत, वर्तमान एवं भविष्य की संभावनाओं पर घंटों चर्चा करते लोगों के झुण्ड दिखाई दे जाते हैं।

अपनी बहु-आयामी संस्कृति के लिए प्रसिद्ध बर्मिंघम में बसे भारतीय भी बहुभाषीय भारतीय समुदाय का गठन कर सांस्कृतिक कार्यक्रमों का आयोजन करते हैं। डॉ. कृष्ण कुमार की अगुआई में बनी 'गीतांजलि', तितिक्षा जी की अगुवाई में बनी कृति यू.के. और प्याली रे की अगुआई में बनी 'सम्पद' भारतीय साहित्य एवं संस्कृति के लिए न सिर्फ मेधा पहचान एवं खोज (टैलेन्ट आइडेन्टीफिकेशन एण्ड सर्च) का कार्य कर रही है बल्कि 'मेधा उत्पादन'(टेलेन्ट प्रोडक्शन) तक का कार्य भी कर रही हैं।

मानचेस्टर

कभी कपड़ा उद्योग के लिए विश्वविख्यात रहे मानचेस्टर ने विक्टोरियाकालीन अपने वैभव को सुरक्षित रखने के लिए स्थापत्य की नवीनतम शैलियों का विकास किया है। पचास से अधिक निःशुल्क कलावीथियों और संग्रहालयों वाले इस शहर में 13 थिएटर ब्रिटेन के अधिकांश कलाकारों की दास्तां बताते हैं। सेलफ्रिजिज और हार्बी निकोलस जेसे कांच की सीढ़ियों वाले डिपार्टमेन्टल स्टोर, किंग स्ट्रीट के फैशन शोरूम पुरस्कृत एयरपोर्ट तथा रोजमर्रा की जिन्दगी में भी लाइव म्यूजिक वाले इस शहर में विश्व प्रसिद्ध 'हाले' ऑर्केस्ट्रा तथा बी.बी.सी. फिल्हार्मोनिक, न्यू ऑर्डर तथा बैडली ड्रॉन बॉय, 'सपनों की रंगशाला' थिएटर ऑफ ड्रीम्स तथा लंका शायर काउन्टी क्रिकेट क्लब आदि के लिए प्रसिद्ध शहर मानचेस्टर में चिकित्सकीय पेशे में लगे डॉक्टर एवं उनके सहायकों में भारतीय मूल के लोगों की संख्या काफी है।

अपनी पहचान और संस्कृति को सुरक्षित रखने के लिए मानचेस्टर में बसे भारतीय मूल के लोगों द्वारा 'अहिंसम' (अन्तर्राष्ट्रीय हिन्दी सम्मेलन मानचेस्टर) नामक संस्था का गठन कर विभिन्न प्रकार के साहित्यिक एवं सांस्कृतिक कार्यक्रमों को आयोजित करने की परम्परा प्रारम्भ की गई। डॉ. रंजीत सिंह सुमरा, डॉ. अंजनी कुमार, डॉ. निखिल कौशिक एवं राम पाण्डेय आदि वे महत्वपूर्ण नाम हैं जिन्होंने

अपनी संस्कृति को सुरक्षित रखने का बीड़ा उठाया है ताकि उनकी अगली पीढ़ी में भी भारतीय संस्कृति सुरक्षित बनी रह सके। मानचेस्टर विश्वविद्यालय में स्थापित हुई डॉ. हरवंशराय बच्चन पीठ की स्थापना इस प्रयास की एक उपलब्धि है।

ग्रेटना ग्रीन

'ग्रेटना ग्रीन' ब्रिटेन और स्कॉटलैण्ड की सीमा पर बसा एक छोटा सा गाँव है जो एडिनवरा को जाने वाले राष्ट्रीय मार्ग के बायीं ओर अवस्थित है। ग्रेटना नामक गाँव ने अपने आस-पास की हरीतिमा से ग्रीन नाम धारण किया है। इसकी ख्याति बढ़ी यहाँ बनी एक पुरानी लौहकार की दुकान 'ओल्ड ब्लैकस्मिथ शॉप' से।

ये दुकान भागकर आये जोड़ों की शादी कराने के लिए प्रसिद्ध तब हुई जब ब्रिटिश संसद ने 1753 में एक ऐसा कानून पारित किया था जिसके अनुसार शादी के लिए लड़की और लड़के की उम्र यदि 21 वर्ष की नहीं है तो दोनों पक्षों के माँ-बाप की राय आवश्यक कर दी गई थी, इसलिए शादी की रस्म को तब तक के लिए प्रतिबन्धित कर दिया गया जब तक कि शादी के प्रस्ताव को तीन रविवार तक नियमानुसार प्रकाशित न करा दिया जाये। ये व्यवस्था इसलिए की गई थी ताकि आपत्तियाँ दर्ज कराने वालों को समय मिल सके। इस कानून का उल्लंघन कर शादी की रस्में पूर्ण कराने वाले क्लर्जी (धार्मिक पदाधिकारी) को भारी जुर्माने के साथ दण्डित किये जाने का भी प्राविधान था। लेकिन ये अधिनियम स्कॉटलैण्ड में लागू नहीं था।

स्कॉटलैण्ड में इसके विपरीत अनादि काल से यह कानून था कि शादी चूंकि एक नागरिक संविदा (सिविल कॉन्ट्रेक्ट) है, अतः यदि कोई जोड़ा जो 16 वर्ष की उम्र का हो गया है, शादी के बंधन में बंधने की इच्छा करता है तो बिना बेन्नस (लगातार तीन रविवार तक शादी के प्रस्ताव को प्रकाशित कराने की अनिवार्यता) अथवा धार्मिक पदाधिकारी के आशीर्वाद के भी शादी सम्पन्न हो सकती है। स्कॉटलैण्ड की इस व्यवस्था का फायदा उठाते हुए इंग्लैण्ड के लोग भागकर सीमावर्ती इस स्थान पर आकर शादियां रचाने लगे। धीरे-धीरे ये स्थान चर्चित-परिचित हो गया। आज भी इस लौहकार की दुकान में घोड़े के नाल, निहाई, हथौड़ा इत्यादि के वीच शादी करने की परम्परा चली आ रही है। इतना ही नहीं शादीशुदा लोग मॉक मैरिज (शादी का ड्रामा) करते हैं। इसलिए ये स्थान रोमान्स के मन्दिर के रूप में श्रृद्धा का पात्र बन गया है। दूर-दूर तक ठण्डी हवा, हरियाली, आकाश, धरती, पानी के फव्वारे और लौहकार की निहाई की गवाही के बीच सम्पन्न शादियों को बहुत महत्वपूर्ण मानकर हर उम्र के लोग शादी की रस्में पूरी कर अपने रोमांस को पवित्र वनाने की ओर बढ़ा हुआ महसूस करते हैं।

यहाँ सम्पन्न होने वाली शादी में कुल मिलाकर दस मिनट लगते हैं। लोग स्कॉटलैण्ड की विशिष्ट वेशभूषा में फोटो खिंचवाते हैं। यहीं बने रेस्ट्राँ में मित्रों को दावत देते हैं और यहीं से यादगार क्षणों के लिए सोवेनियर खरीदते हैं।

बी.बी.सी.

बी.बी.सी. अर्थात् ब्रिटिश ब्रॉडकास्टिंग कार्पोरेशन एक ऐसा संचार माध्यम है जिसका रेडियो हर किसी ने सुना होगा। अपने कार्यक्रमों की गुणवत्ता, रोचकता और ज्ञानवर्द्धकता के कारण बी.बी.सी. के श्रोता सर्वाधिक हैं। हिन्दी में इसके समाचार सारांश और उन पर टिप्पणियाँ तथा 'विश्व भारती' आदि बहुत प्रसिद्ध कार्यक्रम हैं।

1922 से अपनी सेवाओं द्वारा विश्व के कोने-कोने में परिचित बी.बी.सी. आठ दशक पहले रेडियो के रूप में प्रारम्भ हुआ था और अब टेलीविजन के नेटवर्क में भी अग्रणीय संस्था के रूप में विख्यात है। अपनी वाकपटुता, संक्षिप्तता, निष्पक्षता और स्पष्टता के लिए सुविख्यात बी.बी.सी. ब्रिटेन का गौरव है। लगभग सभी भाषाओं में अपने कार्यक्रमों का प्रसारण करने वाला बी.बी.सी. अपने रोचक और ज्ञानवर्द्धक कार्यक्रमों के लिए प्रसिद्ध है।

बी.बी.सी. वर्ल्ड सर्विस का मुख्य द्वार

बी.बी.सी. वर्ल्ड सर्विस संसार भर में घटने वाली महत्वपूण घटनाओं को कवरेज देकर अपने एफ.एम. और टॉल्क रेडियो आदि के माध्यम से लोगों की पसंद के कार्यक्रम और लोगों से सीधे संवाद स्थापित करके अपने जीवन्त कार्यक्रमों की प्रस्तुति कर बी.बी.सी. रेडियो एवं टी.वी. किसे प्रभावित नहीं करता।

बी.बी.सी. का नाम आते ही समाचार वाचकों के वह नाम जिन्हें हम प्रायः सुनते थे, याद आ जाते हैं। ओंकारनाथ श्रीवास्तव, गौतम सचदेव, भारतेन्दु विमल, कैलाश बुधवार, अचला शर्मा एवं विजय राणा से इंग्लैण्ड प्रवास के दौरान जब मुलाकात हुई तो मेरी खुशी का ठिकाना नहीं रहा।

नेहरु सेन्टर के कार्यक्रम में जब ओंकारनाथ श्रीवास्तव ने पूछा - विक्रम भाई क्या अव भी लोग प्यासे को पानी मांगने पर गुड़ के साथ पानी पिलाते हैं? मैंने कहा कुछ गिरावट आयी है, लेकिन फिर भी कमोवेश परम्परा चल रही है क्योंकि भारत में परिवार की संस्था बहुत मजबूत है और परिवार में तीन पीढ़ियाँ एक साथ रहती हैं, इसलिए तीनों पीढ़ियों के संस्कारों में रिक्त नहीं होता है। क्या मुण्डेर पर कौआ के बोलने पर मेहमान के आने की बात अभी भी कही जाती है? के उत्तर में मैंने कहा- में गाँव से हूँ और तीन पीढ़ियों के साथ-साथ रहने वाले परिवार से हूँ। इसलिए मैंने सुना है, देखा भी है, सच भी हुआ है; कागा मुंडेर पर बोले तो मेहमान आते हैं। क्या झेंझी और टेसू के विवाह अभी भी खेले जाते हैं? प्रश्न के उत्तर में मैंने उन्हें वताया - हाँ, टेसू और झेंझी का विवाह गाँव में रामनवमी के दिन सम्पन्न होता है। गाँव के लोग मिलकर टेसू और झेंझी (दोनों पौराणिक पात्र हैं - टेसू पुरुष है और झेंझी नारी है) की शादी करने का खेल खेलते हैं। इनकी शादी के साथ ही समाज में शादी की शुरूआत हो जाती है। इसी दिन रामलीला में राम और सीता का विवाह सम्पन्न होता है और इसके वाद शादियों की सहालग प्रारम्भ हो जाती है।

लंदन स्थित बुश हाउस (बी.बी.सी. मुख्यालय)

गाँव में लड़के टेसू (मिट्टी का तिपाये जैसा पुरुष पुतला) और लड़कियाँ झेंझी (मिट्टी का मादा पुतला) लेकर घर-घर जाकर चन्दा इकट्ठा करते हैं और एक लोक-गीत गाते हैं - 'टेसू अगर करें, टेसू वगर करें, टेसू की गइया, लचपेंदरिया, टेसू लइयै कैं टरैं, टेसू लइयैं के टरैं।'

मेरी वातें सुनकर उनका वचपन उनके सामने आ गया। वे बहुत गम्भीर हो गये। बोले-कितना अच्छा लगता था इन छोटी-छोटी चीजों में। आज सारे वैभव हैं लेकिन उतना मजा नहीं आता। हमारी इन वातों के बीच ही मंच से आवाज आई। ओंकारनाथ श्रीवास्तव जी कुछ कहना चाहें। वे उठे और फिर उन्होंने मुझसे पूछे प्रश्नों

के साथ ही भारत की परम्पराओं का जिक्र करते हुए 'पुरवाई' नामक पत्रिका के शुभारम्भ पर भारत की परम्पराओं की पुरवाई चलाने का अनुरोध किया।

अचला शर्मा ने जगदीश चतुर्वेदी, रामदरश मिश्र, सीनकाफ निजाम और मुझे बी.बी.सी. पर काव्य पाठ के लिए आमंत्रित किया। अगले दिन हम बी.बी.सी. के ऑल्डविच स्थित कार्यालय पहुँचे। स्वागत से अचला जी को फोन किया। उन्होंने पास बनवाये। ऊपर हिन्दी सेवा के कक्ष में ले गईं और फिर स्टूडियो के प्रबन्धक से वार्ता की और हम लोगों की कविताओं की रिकॉर्डिंग की। बाद में विश्व हिन्दी सेवा कार्यक्रम में प्रसारण हुआ।

अंग्रेजी धरातल पर हिन्दी

हिन्दी भारत की भाषा है इसलिए भारतीय जहाँ-जहाँ गये वहाँ-वहाँ अपनी भाषा हिन्दी और संस्कृति को साथ ले गये। भारत पर अंग्रेजी राज स्थापित हो जाने के बाद भाषायी पुल बनाने की महती आवश्यकता को देखते हुए अंग्रेजों ने भारतीयों को अंग्रेजी सीखने के लिए प्रेरित किया। कम्पनी (ईस्ट इण्डिया) की नौकरी के लिए अंग्रेजी सीखना जरूरी होने से अंग्रेजी का प्रचार बहुत तेजी से हुआ। भारत में अंग्रेजी सभ्यता पाँव जमा सके, इस बात के लिए जरूरी था कि अंग्रेजी भाषा के पांव मजबूत हों। 'मैकाले' ने भारत में अंग्रेजी शिक्षा पर इसीलिए बल दिया ताकि अंग्रेजी के पांव भारत में जम सकें। इससे भारतीयों को भी एक तरफ अच्छी नौकरी मिली, दूसरी तरफ वे अंग्रेजों के नजदीक पहुँचने में सफल हो गये।

अंग्रेजों के बढ़ते व्यापार ने नए-नए उद्योगों हेतु कच्चे माल और सस्ते श्रम के लिए भारत को मजबूर किया। इन्हीं उद्योगों में काम करने के लिए जो मजदूर इंग्लैण्ड गये वे अपनी भाषा और संस्कृति भी साथ लेकर गये। इन लोगों में से अधिकांश वहीं बस गये। उन्होंने अपने आपसी संवाद में हिन्दी को प्रयोग कर अपनी संतति के लिए भी हिन्दी को सुरक्षित कर लिया। आजादी के बाद व्यापारिक, शैक्षिक या रोजगारिक उद्देश्य से इंग्लैण्ड में भारतीयों ने हिन्दी बोलने वालों की संख्या बढ़ाई। लेकिन हिन्दी को बढ़ाने या विकसित करने का कार्य इनके द्वारा नहीं किया गया। छुटपुट चल रहे इस कार्य को गति मिली यू.के. हिन्दी समिति के निर्माण के बाद।

यू.के. हिन्दी समिति के कार्यक्रमों ने इंग्लैण्ड के लोगों को तो जोड़ा ही साथ ही भारत और इंग्लैण्ड के सम्बन्ध भी प्रागढ़ किये। सांस्कृतिक एवं साहित्यिक आदान-प्रदान की प्रक्रिया प्रारम्भ कर साहित्यिक अलख जगाई। कार्यक्रमों में आने वाले भारतीयों को किसी होटल आदि में न ठहराकर वे उन्हें अलग-थलग पड़ने से बचा लेते हैं। एक-एक मेहमान की मेजबानी आपस में बाँट लेते हैं। इससे भारत से पहुँचे मेहमान कार्यक्रम में समय से पहुँच जाते हैं क्योंकि उन्हें पहुँचाने की जिम्मेदारी मेजबान की रहती है। मेहमान के लिए हर समय एक गाइड के रूप में भी मेजबान उपलब्ध रहते हैं। एक पारिवारिक वातावरण का विकास होता है। में सक्सेना जी, सर्वेश सांघ व पदमेश जी के साथ ठहरने का सौभाग्य प्राप्त कर चुका

हूँ। वर्मिंघम में डॉ. नरेन्द्र कुमार अग्रवाल (शैल अग्रवाल के पति), मानचेस्टर में डॉ. रंजीत सिंह सुमरा के साथ रहने का अवसर भी मिल चुका है।

भारतवंशीय उक्त परिवारों के साथ रहकर सात समुन्दर पार अपनापन तो मिला ही साथ ही उनके द्वारा संरक्षित भारत की संस्कृति जिसे भारत के लोग ही भूल रहे हैं, देखने को मिली। ये सव देखकर हमें विश्वास हो गया कि भारत की भाषा और संस्कृति सुरक्षित है।

भारत में तीज-त्यौहार या सांस्कृतिक परम्पराओं की अहमियत भले ही कम हो रही हो परन्तु इंग्लैण्ड में उनकी अहमियत बहुत अधिक है। भारत के शक, संवत वाले कलैण्डर भारत में भले न मिलें मगर इंग्लैण्ड में दिखाई देते हैं। इन्हीं कलैण्डरों की तिथियों के आधार पर भारतवंशीय अपने त्यौहारों को सांकेतिक और फिर सप्ताहांत में पूर्णरूपेण मनाते हैं। दशहरा पर्व तो एक बड़े पार्क में मनाया जाता है। इसमें मैं भी 1998 में सम्मिलित हुआ था। लगभग 25 हजार लोगों ने दशहरा मेला में भाग लिया होगा। यहाँ रामलीला का अंग्रेजी में आयोजन हुआ।

यू.के. हिन्दी समिति ने दशहरा, दीपावली, होली आदि अवसरों पर भी हिन्दी प्रचार प्रारम्भ किया। त्यौहार मनाने हेतु लगे मेले में प्रचार हेतु अपना पंडाल लगाना प्रारम्भ किया। यू.के. और भारत के विभिन्न लेखकों की पुस्तकें उपलब्ध करायीं। हिन्दी सीखने के द्विभाषीय सी.डी. आदि भी उपलब्ध करायीं। सायंकालीन हिन्दी कक्षाओं का भी आयोजन होता है। इनमें इच्छुक लोगों को हिन्दी सिखाने की व्यवस्था होती है।

लंदन जैसे व्यावसायिक नगर, जहाँ लोगों के पास समय की कमी होती है, हिन्दी के इन दीवानों को स्टाल पर लगातार कई-कई घण्टे तक खड़ा देखकर हैरानी होती है। 1998 में दशहरा मेला में पदमेश गुप्त और उपा राजे द्वारा लगाये पण्डाल में आने वालों की भीड़ और उनसे माथापच्ची करते देखकर सुखद आश्चर्य हुआ। भारत में तो हिन्दी राजनीति और अपने-अपने लाभ के लिए प्रयोग हो रही है। खेमे वना रहे हैं। सेवा बहुत कम लोग कर रहे हैं। आज हिन्दी जब अपने ही देश में अंग्रेजी के वर्चस्व को समाप्त कर पाने में अक्षम है तब अंग्रेजों की धरती पर हिन्दी के अंकुरों को पुष्पित एवं पल्लवित होते देखकर सुखद अनुभूति होती है।

लंदन में पदमेश गुप्त और उपाराजे सक्सेना के अतिरिक्त मुख्य साहित्यकारों में दिव्या माथुर, सोहन राही, भारतेन्दु विमल, गौतम सचदेव, अचला शर्मा, डॉ. श्याम मनोहर पाण्डेय, तेजेन्द्र शर्मा आदि हैं। जो परिवार हिन्दी के कार्यक्रमों के लिए जी-जान से लगे रहते हैं उनमें सर्वेश सांघ और उनकी पत्नी कृष्णा, व्रज गोयल और उनकी पत्नी उपा गोयल, सुधा खण्डेलवाल, सी.पी. गुप्ता, श्रीमती कृष्णा पाण्डेय (डॉ. श्याम मनोहर पाण्डेय की पत्नी) आदि हैं।

हिन्दी कार्यक्रमों के आयोजन में जो सहभागिता और सहकारिता इंग्लैण्ड में

बसे भारतीयों में दिखी वह अद्भुत थी। जो मेहमान भारत से आये थे वह एक-एक परिवार ने गोद जरूर लिये लेकिन उनका शाम का खाना प्रायः किसी न किसी परिवार द्वारा प्रायोजित (स्पोन्सर) होता था ताकि मेहमान सोने भर के लिए अपने मेजबानों के यहाँ भले चले जायें लेकिन बाकी वक्त सब लोग साथ रहें। कार्यक्रमों का आनन्द साथ-साथ लें और खाना-पीना भी साथ-साथ खायें।

यू.के. हिन्दी समिति इस प्रकार जाने-अंजाने संस्कृति के संरक्षण का भी कार्य कर रही है। उसके समन्वय की कला का तो लोहा भारत के लोगों को भी मानना पड़ेगा। विभिन्न शहरों में सप्ताह भर आयोजित कार्यक्रम बिना किसी परेशानी के सम्पन्न हो जाते हैं। आँखें खुली की खुली तो तब रह गयीं जब छठे विश्व हिन्दी सम्मेलन में बिना पूर्व सूचना के सैकड़ो लोग लंदन पहुँच गये और सब के सब किसी न किसी तरह समायोजित (एकोमडेट) हो गये। ये सब यू.के. हिन्दी समिति के पदाधिकारियों की व्यवस्थापकीय दक्षता (मैनेजीरियल स्किल) का ही प्रमाण है।

हिन्दी की संघर्ष गाथा

ओरीजिन ऑफ स्पेसीज (प्रजातियों की उत्पत्ति) के लेखक चार्ल्स डार्विन ने 'बलवान जीविता' (सर्वाइवल ऑफ द फिटेस्ट) कहकर कुछ नैतिकता वादियों की त्यौरी चढ़यी थी लेकिन जीवन का नंगा सच यही है। संघर्ष ही जीवन की गाथा है, फिर भाषा अपने जीवन के लिए संघर्ष किये बिना कैसे रह पातीं इंग्लैण्ड में हिन्दी की स्थिति भी यही है। सबसे बुरी स्थिति तो तब आई जब विद्यार्थियों के अभाव में ब्रिटिश सरकार को हिन्दी की पढ़ाई जो 'ओ' लेवल (हाई स्कूल के बराबर) तक थी, बन्द करनी पड़ीं उससे भी बुरी स्थिति तब आयी जब इसके लिए कोई बोलने वाला आगे न आया।

भाषा चूंकि संस्कृति की संवाहिका होती है, अतः भाषा के समाप्त होने का मतलव संस्कृति का अन्त और संस्कृति के अन्त का मतलब अस्मिता का अन्त। इंग्लैण्ड में बसे भारतीयों के सामने कुछ ऐसी ही स्थिति आ गयीं हिन्दी भारत के सौ करोड़ लोगों की सम्पर्क भाषा है। इंग्लैण्ड में भी भारतीयों के विभिन्न भाषायी समुदाय संपर्क भाषा के रूप में हिन्दी का ही प्रयोग करते हैं, परन्तु फिर भी हिन्दी के लिए सरकार के समक्ष उनका विरोध दर्ज नहीं हो पाया। भाषा के ऊपर आपसी फूट का इससे बड़ा और क्या उदाहरण हो सकता है।

भला हो उन शिक्षण संस्थानों और उनके संचालकों का जिन्होंने हिन्दी की बुझती लौ को बुझने नहीं दिया और ब्रिटिश स्कूलों में हिन्दी शिक्षण के बन्द होने पर स्वयं शिक्षण प्रारम्भ किया। इस कार्य में जो लोग आगे आये उनमें मुख्य हैं - महालक्ष्मी सत्संग केन्द्र के श्री वेद मोहला (ब्राइटन), भारतीय भवन की ए.बी. भसीन, स्कॉटलैण्ड, कला निकेतन की श्रीमती महेन्द्रा (बर्मिंघम)। अपनी सांस्कृतिक विरासत को अगली पीढ़ी तक पहुँचाने की चिन्ता ने इन्हें हिन्दी शिक्षण विद्यालय चलाने के लिए मजबूर किया।

इसी क्रम में यू.के. हिन्दी समिति, कृति यू.के. गीतांजलि (बर्मिंघम), भारतीय भाषा संगम (यार्क), हिन्दी भाषा समिति (मानचेस्टर) आदि संस्थाओं नें हिन्दी के प्रति अनुराग जगाने के लिए कवि सम्मेलन, भाषा सम्मेलन, हिन्दी सेवा सम्मान, प्रकाशन सहयोग, हिन्दी ज्ञान प्रतियोगिता का आयोजन और प्रतियोगिता में अच्छे अंक पाने वालों को भारत भ्रमण के टिकटों को पुरस्कार स्वरूप प्रदान करने-कराने

का कार्यक्रम प्रारम्भ किया। इसके अतिरिक्त सनराइज रेडियो लंदन, एशियन नेटवर्क (बर्मिंघम), ए.एस. रेडियो (मानचेस्टर), हिन्दी फिल्में एवं फिल्मी जगत से जुड़ी हस्तियों के कार्यक्रम आदि का आयोजन भी हिन्दी के कारवाँ को आगे बढ़ाने में मदद करने लगा।

इतिहास में झाँकें तो पता चलेगा कि हिन्दी की तरह ही कभी अंग्रेजी को भी ऐसी ही स्थिति का सामना करना पड़ा था जब 1066 में नारमण्ड (नारमण्डी फ्रांस) कहे जाने वाले लोगों ने इंग्लैण्ड पर आक्रमण कर अपना अधिपत्य जमा लिया था। अपनी भाषा फ्रेंच को इंग्लैण्ड की राजभाषा के रूप में स्थापित कर दिया था। राजपद पाने के बाद फ्रेंच इंग्लैण्ड की भाषा बन गई। अंग्रेजी निम्न वर्ग की भाषा रह गई। राजकाज, अदालतों और पठन-पाठन की भाषा भी फ्रेंच हो गयीं लगभग 300 वर्षों तक अपने अस्तित्व की लड़ाई लड़ने के बाद अंग्रेजी के भाग्य ने पलटा मारा। 1338 में इंग्लैण्ड का फ्रांस के साथ युद्ध प्रारम्भ हो गया जो इतिहास में 100 वर्षीय युद्ध के नाम से जाना जाता है। इस युद्ध के कारण इंग्लैण्ड के लोगों में फ्रांस के प्रति वैमनस्यता का भाव प्रखर हो गया। अपनी राष्ट्रीयता के प्रति भावनाएँ जाग उठी। फ्रेंच के प्रति भी विद्रोह के स्वर उठ खड़े हुए। फ्रेंच के स्थान पर अंग्रेजी प्रतिस्थापित करने की बात कही जाने लगी।

तत्कालीन ब्रिटिश सम्राट एडवर्ड यद्यपि फ्रेंच (नारमन) मूल का था लेकिन अंग्रेजों का समर्थन पाने के लिए अंग्रेजी का पक्षधर हो गया और 1362 में उसने ब्रिटिश संसद (पार्लियामेन्ट) को फ्रेंच में सम्बोधन की बजाय अंग्रेजी में सम्बोधित किया। अदालतों में भी फ्रेंच की जगह अंग्रेजी का प्रयोग करने के आदेश दिये गये। धीरे-धीरे इंग्लैण्ड में अंग्रेजी ने अपना गौरवपूर्ण पद प्राप्त कर लिया।

अंग्रेजी की इस विजय को देखकर हिन्दी को भी बल मिलता है। जव इंग्लैण्ड के सरकारी स्कूलों में गुजराती की पढ़ाई शुरू हुई तो हिन्दी के प्रति चेतना भी जागी। इस चेतना को तब और गति मिली जब इंग्लैण्ड में भारत के उच्चायुक्त डॉ. लक्ष्मीमल सिंघवी बने। हिन्दी और भारतीय संस्कृति के प्रवल समर्थक होने के नाते उन्होंने भारतीयों को हिन्दी और भारतीय संस्कृति के प्रति सजग करके भाषायी आधार पर बंटने की बजाय भारत की राष्ट्रभाषा हिन्दी के साथ सभी सम्प्रदायों को जोड़ने का सिलसिला शुरू किया।

इंग्लैण्ड के प्रमुख शहरों में हिन्दी उन्नयन हेतु समितियों का गठन किया गया। हिन्दी के कार्यक्रमों को यदाकदा आयोजित कराकर हिन्दी के अंकुरों को अनुकूल वातावरण दिया गया। विभिन्न शहारों में आयोजित होने वाले हिन्दी के कार्यक्रमों में समन्वय स्थापित करने के लिए वनी यू.के. हिन्दी समिति ने हिन्दी के आधार पर ही इंग्लैण्ड के दूरदराज क्षेत्रों में वसे भारतीयों को जोड़ने का कार्य शुरू किया। कभी कवि सम्मेलन, कभी भाषा सम्मेलन, कभी वहुभापीय समुदाय के कार्यक्रम, कभी सांस्कृतिक

कार्यक्रमों के आयोजन के माध्यम से भारतीयों को जोड़ना प्रारम्भ किया।

हिन्दी में लेखकों को भी एक मंच मिल गया। आये दिन हिन्दी के छुटपुट कार्यक्रम, काव्य-गोष्ठियाँ और साल में कम से कम एक बार बड़ा सा कवि/भाषा सम्मेलन जिसमें भारत से भी विभिन्न साहित्यकारों को बुलाया जाने लगा। भारत के बड़े-बड़े कवियों के साथ वे भी अपनी रचनाएँ पढ़ने लगे। उनके हिन्दी अनुराग को प्रश्रय मिला तो उनकी रचनाओं का प्रकाशन भी हुआ। यू.के. हिन्दी समिति द्वारा 'पुरवाई' नामक पत्रिका का सम्पादन कर भारत और इंग्लैण्ड के लेखकों को एक दूसरे के नजदीक ला दिया। धीरे-धीरे 'पुरवाई' हिन्दी की सर्वाधिक प्रचलित पत्रिका बन गई।

इंग्लैण्ड के लेखकों को एक साथ प्रस्तुत करने के कई प्रयास किये गये जिनमें 'दूर वाग में सोंधी मिट्टी' नामक काव्य पुस्तक का सम्पादन कर यू.के. हिन्दी समिति के अध्यक्ष श्री पदमेश गुप्त ने यू.के. हिन्दी लेखकों को एक साथ प्रस्तुत किया। इसी प्रकार 'मिट्टी कीं सुगन्ध' नामक पुस्तक का सम्पादन श्रीमती उषाराजे सक्सेना द्वारा किया गया जिसमें इंग्लैण्ड के 18 लेखकों की कहानियाँ हैं। जगदीश मित्र कौशल आदि ने हिन्दी में एक अखवार का सम्पादन प्रारम्भ किया। बी.बी.सी. की हिन्दी सेवा और 'सनराइज' रेडियो ने हिन्दी के कार्यक्रमों को स्थान देकर एक तरफ लेखकों को जोड़ा और दूसरी तरफ इंग्लैण्ड में बसे भारतीयों को।

मानचेस्टर में 'अहिंसम भारतीय' और बर्मिघम में भारत के बहुभाषीय भाषा समुदाय गीतांजलि द्वारा कार्यक्रम आयोजित किये जाने लगे। अन्तर्राष्ट्रीय हिन्दी सम्मेलन मानचेस्टर अर्थात् 'अहिंसम' में मानचेस्टर और उसके आस-पास बसे भारतीय चिकित्सकों द्वारा बहुत अच्छे कार्यक्रम आयोजित किये गये। डॉ. रंजीत सुमरा, डॉ. निखिल कौशिक, डॉ. अंजनी कुमार, श्यामा कुमार एवं राम पाण्डेय ने मानचेस्टर के हिन्दी कार्यक्रमों को आयोजित कराने में महत्वपूर्ण भूमिका अदा की।

'अहिंसक भारतीय' मानचेस्टर द्वारा आयोजित कवि सम्मेलन में काव्य-पाठ करते डॉ. लक्ष्मीमल सिंघवी उनके दायें पीछे डॉ. वाचस्पति उपाध्याय और बायीं ओर लेखक

कवि दरबार' नाम से कवि सम्मेलन के आयोजन हुए। इस प्रकार के आयोजन से एक तरफ लोग हिन्दी से जुड़े, दूसरी तरफ अपनी जड़ों से अर्थात् भारत की संस्कृति और भारत के लोगों से। सामुदायिक एकता और भारतीय मूल के आधार पर एकत्रित होने का सिलसिला शुरू हुआ। सुनने और देखने वाले भले ही पेशों से कुछ भी हों लेकिन इन कार्यक्रमों में सभी जुड़ गये। कार्यक्रम की भीड़ और भव्यता से भविष्य की झलक मिलने लगी। हिन्दी के प्रति लोगों का भावनात्मक जुड़ाव, गौरव और लेखन के प्रति रूझान बढ़ा। देखते ही देखते लेखकों की लम्बी कतार खड़ी हो गयीं मंच छोटे पड़ने लगे। इसलिए साल में एक बार की बजाय कार्यक्रम बार-बार होने लगे।

मानचेस्टर के हिन्दी प्रेमियों के प्रयास से मानचेस्टर विश्वविद्यालय में हरिवंश राय बच्चन पीठ की स्थापना हुई। हिन्दी कवि दरबार नामक कार्यक्रम प्रतिवर्ष आयोजित होने लगे और मानचेस्टर के बाहर भी बसे लोगों द्वारा बढ़चढ़कर हिस्सा लिया जाने लगा।

बीसवीं सदी के अन्त तक योर्क विश्वविद्यालय में कार्यरत श्री महेन्द्र वर्मा के प्रयासों से योर्क हिन्दी समिति ने भी कार्य करना प्रारम्भ कर दिया और अब प्रति वर्ष योर्क में भी हिन्दी के कार्यक्रम आयोजित होने लगे।

बर्मिंघम में प्रौद्योगिकी के प्राध्यापक डॉ. कृष्ण कुमार ने बर्मिंघम में बसे भारतीय मूल के लोगों को इकट्ठा करने के प्रयास किये। गुजराती मूल की तितिक्षा आनन्द, निर्मला देशपाण्डे, स्वर्ण तलवार, अनुराधा शर्मा, शैल अग्रवाल, के.के. श्रीवास्तव, प्याली रे आदि विभिन्न भारतीयं भाषाओं के लोगों को जोड़कर हिन्दी कवि सम्मेलन का आयोजन प्रारम्भ किया। बाद में 'कृति' नामक संस्था का गठन कर तितिक्षा जी द्वारा भी प्रतिवर्ष कार्यक्रम आयोजित किये जाने लगे। शैल अग्रवाल, अनुराधा शर्मा, स्वर्ण तलवार आदि यहाँ की महत्वपूर्ण लेखिकाएँ हैं।

यू.के. हिन्दी समिति इंग्लैण्ड की मुख्य हिन्दी संस्था है जिसने सभी संस्थाओं के बीच समन्वय स्थापित कर श्रृंखलाबद्ध कार्यक्रमों का आयोजन कर इंग्लैण्ड में हिन्दी के अंकुरों को पुष्पित किया है। यू.के. हिन्दी समिति के बैनर तले छठा विश्व हिन्दी सम्मेलन आयोजित कराकर यू.के. हिन्दी समिति ने अपनी क्षमता और हिन्दी के प्रति कटिबद्धता का परिचय दिया है।

नई पीढ़ी में हिन्दी एवं भारतीय संगीत, नृत्य एवं कला आदि के प्रति रुझान वढ़ाने के लिए हिन्दी के कार्यक्रमों का आयोजन और हिन्दी ज्ञान प्रतियोगिता में पुरस्कार के रूप में मुफ्त भारत भ्रमण इस योजना ने हिन्दी के प्रति बहुत आकर्षण बढ़ाया है। नई पीढ़ी के बच्चे हिन्दी सीखने लगे और वहुत अच्छे-अच्छे वाक्यों में भारत और हिन्दी की महिमा का वखान करने लगे हैं।

इंग्लैण्ड में हिन्दी लेखन से जुड़े लोगों को भी पुरस्कृत करने की योजना के

तहत यू.के. हिन्दी समिति द्वारा पुरस्कृत पाण्डुलिपि का प्रकाशन वाणी प्रकाशन दिल्ली द्वारा किया जाने लगा है। भारतेन्दु विमल का उपन्यास 'सोन मछली' को प्रथम पुरस्कार स्वरूप प्रकाशन सहयोग प्राप्त हुआ। कथा क्षेत्र में इंदु शर्मा 'अन्तर्राष्ट्रीय कथा सम्मान' नामक पुरस्कार, जिसमें पुरस्कार के रूप में इंग्लैण्ड की यात्रा, टिकट व आतिथ्य सम्मिलित है, प्रारम्भ हुआ। श्री तेजेन्द्र शर्मा जो स्वयं अच्छे लेखक हैं, इस पुरस्कार पीठ का संचालन कर रहे हैं।

लंदन विश्वविद्यालय में कार्यरत प्रो. रूपर्टस्नेल को भारत सरकार द्वारा 2 लाख का और उनके गुरू डॉ. श्याम मनोहर पाण्डेय को साहित्य अकादमी द्वारा हिन्दी भाषा सम्मान पुरस्कार द्वारा पुरस्कृत किया जा चुका है।

भारत में उत्तर प्रदेश हिन्दी संस्थान द्वारा विदेशों में हिन्दी प्रचार में लगे लोगों के लिए पुरस्कार की योजना में पदमेश गुप्त, तितिक्षा आनन्द और उषाराजे सक्सेना को पुरस्कृत कर उनके प्रयासों को सराहा गया है।

यू.के. हिन्दी समिति को इंग्लैण्ड और उसके बाहर इस ऊँचाई तक पहुँचाने में यू.के. हिन्दी समिति के अध्यक्ष डॉ. पदमेश गुप्त की भूमिका बहुत सराहनीय है। उनकी संगठन शक्ति और हिन्दी के प्रति अगाध प्रेम के कारण ही यू.के. हिन्दी समिति अपना सर्वाधिक महत्वपूर्ण स्थान बना सकी है। आज यू.के. हिन्दी समिति की तर्ज पर अन्य देशों में भी हिन्दी समितियां बनने लगी हैं। उन समितियों के निर्माण में भी डॉ. पदमेश गुप्त की भूमिका महत्वपूर्ण है। वे स्वयं एक अच्छे लेखक, कवि, सम्पादक, व्यंग्यकार, पर्यटक और अच्छे मित्र हैं।

यू.के. हिन्दी समिति के दूसरे स्तम्भ के रूप में जिस नाम को लिया जा सकता है वह है श्रीमती उषाराजे सक्सेना। यू.के. हिन्दी समिति की उपाध्यक्षा श्रीमती उषाराजे सक्सेना और उनके पति श्री के.वी.एल. सक्सेना (ब्रिटिश सिविल सेवा के अवकाश प्राप्त अधिकारी) जो हिन्दी और भारतीय संस्कृति के प्रति पूर्णरूपेण समर्पित हैं। श्री सक्सेना द्वारा यू.के. हिन्दी समिति के गठन के पूर्व भी हिन्दू सोसाइटी, आर्य समाज मन्दिर, ब्रिटिश चित्रगुप्त सभा आदि के माध्यम से इंग्लैण्ड भर में बिखरे भारतीयों के बीच पैंठ बना ली गयी थी। श्रीमती उषाराजे सक्सेना तो हिन्दी के प्रति इतनी समर्पित हैं कि हिन्दी ज्ञान प्रतियोगिता में विजेता बच्चों में से एक को भारत भ्रमण के लिए टिकट भी प्रायोजित (स्पोन्सर) करने लगी। श्रीमती उषाराजे सक्सेना स्वयं प्रतिष्ठित कवियित्री एवं कहानीकार हैं।

हिन्दी साहित्य रचना के क्षेत्र में इंग्लैण्ड में कविता, कहानी, उपन्यास, नाटक, आलोचना, यात्रा संस्मरण इत्यादि सब कुछ लिखा जा रहा है। इन लेखकों को जन-जन तक पहुँचाने के लिए 'पुरवाई', 'भारत-भवन', 'प्रवासनी' जैसी पत्रिकाएँ अपनी महत्त्वपूर्ण भूमिका अदा कर रही हैं।

अंग्रेजों की धरती पर यू.के. हिन्दी समिति के प्रयास अवश्य फलीभूत होंगे,

क्योंकि इसे एक बहुमुखी प्रतिभा के धनी और संगठन क्षमता से परिपूर्ण अध्यक्ष पदमेश गुप्त के रूप में मिल गया है और पदमेश गुप्त को अपने सहयोगार्थ उषाराजे सक्सेना और के.बी.एल. सक्सेना, कृष्ण कुमार, महेन्द्र वर्मा, तितिक्षा जैसे व्यक्तित्व मिल गये। अब देखना यह है कि लेस्टर की तरह अन्य शहरों में भी हिन्दी भाषी बहुसंख्यक कब बन पाते हैं।

भारत भवन पर लहराता तिरंगा

लंदन स्थित भारत भवन (इण्डिया हाउस) के बाहर लहराता हुआ तिरंगा भारत की संप्रभुता और इंग्लैण्ड के साथ मैत्रीपूर्ण सम्बन्धों का प्रतीक है। इसी भवन में भारतीय उच्चायोग का कार्यालय है। ब्रिटिश साम्राज्य से स्वतंत्र हुए देशों का संघ 'कॉमनवैल्थ' कहलाता है। कॉमनवैल्थ देशों के राजदूत हाई कमिशनर और उनके दूतावास हाई कमीशन (उच्चायोग) कहे जाते हैं। भारत भवन स्थित यह उच्चायोग भारत का महत्वपूर्ण दूतावास है क्योंकि इसी दूतावास (उच्चायोग) के माध्यम से हम इंग्लैण्ड के साथ अपने राजनैतिक, आर्थिक एवं सांस्कृतिक सम्बन्धों का निर्धारण करते हैं।

दो देशों के बीच लगातार संवाद बनाये रखने और सम्बन्धों को सुदृढ़ बनाने के लिए कभी आर्थिक मामलों में, कभी व्यापारिक मामलों में, कभी राजनैतिक मामलों में सहयोग के लिए संभावनाएँ तलाशने और उन्हें अपनी सरकार के सामने प्रस्ताव रूप में प्रस्तुत करने आदि के अतिरिक्त अपने लिए समर्थन जुटाने का कार्य इसी उच्चायोग का दायित्व है।

इंग्लैण्ड में रह रहे भारतीय मूल के लगभग 12 लाख लोगों की सांस्कृतिक एकता और उनकी सुरक्षा आदि के प्रश्नों पर भी ब्रिटिश सरकार के साथ संवाद इसी उच्चायोग द्वारा किया जाता है। सांस्कृतिक कार्यों में इसकी सहायता के लिए नेहरु केन्द्र एवं भारतीय विद्या भवन हैं जो भारतीय संस्कृति के प्रचार-प्रसार के कार्य में संलग्न है।

तत्कालीन भारतीय उच्चायुक्त डॉ. लक्ष्मीमल्ल सिंघवी के निर्देशन में नेहरु केन्द्र के निदेशक डॉ. इन्द्रनाथ चौधरी एवं तत्कालीन महामहिम उच्चायुक्त के कल्चरल एचेची, डॉ. सुरेन्द्र अरोड़ा तथा नेहरु केन्द्र की दिव्या माथुर आदि द्वारा भारतीय संस्कृति के प्रचार-प्रसार के लिए योजनाबद्ध तरीके से प्रयास किये गये। हिन्दी के प्रचार-प्रसार हेतु कवि सम्मेलन, फिल्मी कलाकारों का प्रदर्शन, साहित्यकारों के कार्यक्रम विश्व हिन्दी सम्मेलन का आयोजन, भाषा सम्मेलन, तीज-त्यौहारों का आयोजन, 15 अगस्त एवं 26 जनवरी आदि के कार्यक्रमों का भव्य आयोजन करना इत्यादि ऐसे कार्यक्रम हैं जिनके माध्यम से हिन्दी एवं भारतीय संस्कृति के प्रति जागरुकता की अलख जगाई गयीं

हिन्दी भारत की सिर्फ राष्ट्रभाषा ही नहीं बल्कि संस्कृति की संवाहिका भी है, इसलिए हिन्दी के प्रसार का सीधा सा अर्थ है भारतीय संस्कृति का प्रचार। विश्व शान्ति

के लिए भारत की देन आदि के प्रदर्शन से भारत के मित्र एवं सहयोगी विभिन्न विषयों पर हमारे लिए समर्थन जुटाते हैं। हमारे राष्ट्रीय हितों को स्वीकारते हैं और इस प्रकार हिन्दी का प्रचार हमारे सांस्कृतिक सम्बन्धों को सुदृढ़ बनाने में सहायक होता है।

मानचेस्टर विश्वविद्यालय में बच्चन पीठ और शेक्सपियर के पैत्रिक गाँव में उनके आवास के लॉन में रवीन्द्रनाथ टैगोर की मूर्ति की स्थापना इत्यादि इसी काल की उपलब्धियाँ हैं। भाषा एवं कवि सम्मेलनों में स्वयं सम्मिलित होने के अतिरिक्त भारत से आए साहित्यकारों की मेहमान नवाजी 'भारत भवन'नामक पत्रिका का प्रणयन कर डॉ. लक्ष्मीमल्ल सिंघवी ने न सिर्फ भारत भवन को अपनी बात लोगों तक पहुँचाने का माध्यम दिया बल्कि 'पुरवाई' पत्रिका के माध्यम से लोगों को अपनी बात कहकर एक दूसरे के साथ जुड़ने का सूत्र प्रदान किया।

अपनी सांस्कृतिक एकता के माध्यम से ही भारतीय अपना वजन ब्रिटिश सरकार को महसूस करा सकते हैं। छठे विश्व हिन्दी सम्मेलन में ब्रिटिश प्रधानमंत्री का सहयोग इस बात का प्रतीक है। भारतीय साहित्य, संस्कृति एवं व्यंजनों के प्रति लोगों में रूझान वढ़ा है। आई.टी. के विकास में भारत की सराहनीय भूमिका ने भारत की प्रतिष्ठा और बढ़ाई है। इन सबने मिलकर भारत के पर्यटन को बढ़ाया है। कुल मिलाकर इससे भारत की छवि का विदेशों में विस्तार हुआ है। आखिर 'कल्चरल डिप्लोमेसी' भी तो राजनय का हिस्सा है और शान्तिकाल में कल्चरल डिप्लोमेसी का ही कार्य व्यापारिक, आर्थिक एवं राजनैतिक सम्बन्धों के विकास में सहायक होता है।

भारत भवन के अन्दर विश्व शान्ति के प्रतीक महात्मा बुद्ध, डॉ. अम्बेडकर और महात्मा गाँधी की मूर्तियाँ और भारत के विभिन्न हिस्सों से एकत्र हुई कला-कृतियों का प्रदर्शन तथा पुस्तकालय भारतीय संस्कृति की समृद्ध विरासत का परिचय देते हैं।

डॉ. लक्ष्मीमल्ल सिंघवी द्वारा आयोजित रात्रि भोज में भारत से इंग्लैण्ड पधारे कवियों के साथ-साथ कार्यक्रमों के आयोजक भी थे। एयर इण्डिया द्वारा प्रस्तुत भारतीय परम्पराओं में स्वागत करती वालाएँ और द्वार पर चन्दन तिलक लगाकर स्वागत करती श्रीमती कमला सिंघवी (डॉ. लक्ष्मीमल्ल सिंघवी जी की पत्नी) भारतीय वाद्य यंत्रों से निकली भारतीय संगीत की लहरें और फिर भारतीय व्यंजनों की थालियाँ भारत का संक्षिप्त सांस्कृतिक दृश्य प्रस्तुत कर रही थी और प्रिंस चार्ल्स द्वारा लगाया गया पौधा इण्डो-ब्रिटिश मैत्री की गवाही दे रहा था।

ऋग्वेद में एक सूक्त के माध्यम से कहा गया है 'मधुमन्ये परायणं मधुमत्पुरायनम' अर्थात् मेरा गमन और आगमन मधुमय हो। इस आधार पर मेरा परायण (गमन) निश्चय ही मधुमय रहा और आगमन (वापसी) भी मधुमय रही। दिल्ली एयरपोर्ट तक पुनः गमन जैसी प्रक्रिया से गुजर कर जब में बाहर निकला तो मेरी पत्नी, बेटी, श्वसुर साहब, सहयोगी एवं मित्र मेरी अगवानी के लिए खड़े थे। इन्हीं मधुमय स्मृतियों को दस्तावेज रूप में प्रस्तुत करने का प्रयास है मेरा ये यात्रा-वृत्तान्त 'ताजमहल से टॉवर ब्रिज'।

संदर्भ

विजिटब्राइटन.कॉम - ब्राइटन एण्ड होब विजिटर इन्फोर्मेशन बारथोलोक्यू ब्राइटन; टॉवर ब्रिज - टॉवर ब्रिज एक्जीबिशन टॉवर ब्रिज; 3.8 मिलियन स्माइल्स डोन्ट लाई - ब्रिटिश एयरवेज लंदन आई; अण्डरस्टेडिंग हिन्दूइज्म - स्वामी नारायण मन्दिर, नीस्डन, लंदन; द ग्रेट राइटर्स - मार्सल कोवेन्डर्स लिमिटेड - वारडोर स्ट्रीट, लंदन; इन्ट्रोड्यूसिंग द ग्रेट आर्टिस्ट्स - फ्रोम ल्यूनार्डो द विंसी टू पेवलों विकासो; रिडाल माउण्ट एण्ड गार्डन्स - बेजर प्रेस लिमिटेड, बोनेस ऑन विन्डरमेयर, कम्ब्रिया; वैलकम टू एडिनवरा एण्ड द लोथियन्स - इन्फोर्मेशन बोशर, लैण्डमार्क प्रेस, स्टेशन रोड़, कारब्रिज इनवरनेससायर; ऑक्सफोर्ड - ऑक्सफोर्ड टूरिज्म 2003 - 140एम; डिस्कवर कैम्ब्रिज सायर 2004 - ब्रोशर बाई कैम्ब्रिज सायर काउण्टी काउंसिल; लोन्ली प्लानिट लंदन - स्टीव फालोन पेर ऐल, लंदन; स्कॉटलैण्ड-2004 - ब्रोशर बाई विजिट स्कॉटलैण्ड, एडिनवरा; एक्सप्लॉर हिस्टोरिक लेथ - एडिनवरा काउंसिल कल्चरल एण्ड लेजर; यात्रा के पन्ने- राहुल सांकृत्यायन; दि ग्रेटना ब्लैकस्मिथ'स स्टोरी - ए. विन्सेंट जोन्स; रॉबर्ट लुईयस स्टीवेन्सन - द राइटर्स म्यूजियम, एडिनवरा; वेस्ट ऑफ ब्रिटेन - ब्रिट रेल; लंदन 2004 - रिवर पब्लिशिंग, लन्दन, इन्वीटेशन टू ब्रिटेन - विजिटब्रिटेन.कॉम लंदन।